基础汉语课本

第 三 册

ELEMENTARY CHINESE
READERS
BOOK THREE

北 京 语 言 学 院 编

华语教学出版社

北　　京

SINOLINGUA
BEIJING

First Edition   1980
Third printing   1987

ISBN 7-80052-027-7
Copyright 1987 by Sinolingua
Published by Sinolingua
24 Baiwanzhuang Road, Beijing, China
Distributed by China International Book Trading Corporation
(Guoji Shudian)
P.O. Box 399, Beijing, China
Printed in the People's Republic of China

目 录

第四十三课……………………………………………………… 1
  一、替换练习
  二、课文 一封信
  三、生词
  四、语法
    1．时量补语(一) The complement of time（1）
    2．时量补语(二) The complement of time（2）
    3．副词"多" The adverb "多"
    4．"给"作结果补语 "给" as a complement of result
  五、练习
第四十四课………………………………………………………20
  一、替换练习
  二、课文 遇见老朋友
  三、生词
  四、语法
    1．"是…的"格式 The construction "是…的"
    2．副词"就"(二) The adverb "就"（2）
  五、练习
第四十五课………………………………………………………35
  一、替换练习
  二、课文 运动会
  三、生词

四、语法

    1．复合趋向补语　The compound directional complement

    2．"了"和复合趋向补语　The aspect particle "了" and compound directional complement

五、练习

第四十六课　复习（9）……………………………………51

一、课文　一个解放军战士

二、生词

三、练习

第四十七课………………………………………………61

一、替换练习

二、课文　听录音

三、生词

四、语法

    1．可能补语　The potential complement

    2．可能补语和能愿动词　The potential complement and the optative verb

五、练习

第四十八课………………………………………………76

一、替换练习

二、课文　军民一家

三、生词

四、语法

    1．"把"字句（一）　"把" sentence （1）

    2．"把"字句要求的条件　Different requirements of a "把" sentence

    3．能愿动词和否定副词在"把"字句中的位置

The position of the optative verb or
negative adverb in a "把" sentence

五、练习

第四十九课···94

一、替换练习

二、课文　布置会场

三、生词

四、语法

"把"字句(二)　"把" sentence （2）

五、练习

第五十课　复习(10)·························108

一、句型语法

关于"把"字句的注意事项　Points to be borne in
mind concerning "把" sentences

二、词汇

三、课文　借锅

四、生词

五、练习

第五十一课···121

一、替换练习

二、课文　放假回农村

三、生词

四、语法

1. 用"比"表示比较　Comparison expressed by
the preposition "比"

2. 数量补语　The complement of quantity

3. "一天比一天"作状语　"一天比一天" as an
adverbial adjunct

　　五、练习

第五十二课 ·· 136

　　一、替换练习

　　二、课文　田忌赛马

　　三、生词

　　四、语法

　　　1．"跟…一样"格式　The construction "跟…一样"

　　　2．"跟…一样"的否定形式　The negative form
　　　　of the construction "跟…一样"

　　　3．用"有"或"没有"表示比较　Comparison
　　　　expressed by "有" or "没有"

　　五、练习

第五十三课 ·· 155

　　一、替换练习

　　二、课文　(一)学生数目
　　　　　　　(二)中国

　　三、生词

　　四、语法

　　　1．称数法(二)　Numeration (2)

　　　2．分数和百分数　Fraction and percentage

　　　3．倍数　Multiple numbers

　　五、练习

第五十四课　复习(11) ····································· 172

　　一、课文　称象

　　二、生词

　　三、练习

第五十五课 ·· 182

　　一、替换练习

二、课文　方向不对

三、生词

四、语法

    1. 存现句　The sentence showing existence, emergence or disappearance

    2. "越…越…"格式　The construction "越…越…"

    3. "越来越…"格式　The construction "越来越…"

五、练习

第五十六课……………………………………………………… 196

一、替换练习

二、课文　白毛女

三、生词

四、语法

    1. 意义上的被动句　The sentence passive in meaning

    2. 被字句　"被" sentence

    3. 连动句(二)　The sentence with verbal constructions in series (2)

五、练习

第五十七课……………………………………………………… 212

一、替换练习

二、课文　学会查字典

三、生词

四、语法

    1. "一…就…"格式　The construction "一…就…"

    2. 复句　The compound sentence

    3. "除了…以外"格式　The construction "除了…以外"

4．量词或数量词重叠　The reduplication of measure words or numeral-measure words

5．形容词重叠　The reduplication of adjectives

五、练习

第五十八课　复习(12)･････････････････････････････ 233

一、句型语法

汉语句子的类型　Different types of Chinese sentences

二、词汇

三、课文　婚礼

四、生词

五、练习

词汇表　Vocabulary ･････････････････････････249

语法复习提纲　Outline of Grammar for Review ･･････273

第四十三课

我们坐飞机坐了二十个小时。

他写了二十五分钟汉字。

她毕业已经两年了。

一、替换练习

中午，我从十二点三刻睡到一点三刻，我睡了一个小时。

1. 刚才你睡了
   几个小时？
   刚才我睡了
   一个小时。

   复习，两
   劳动，三
   锻炼，一个半
   等， 半

2. 足球比赛进行了多长时间？

足球比赛进行了<u>一个半钟头</u>。

大会，	一个星期
讨论会，	一个下午
节目表演，	两个半钟头
参观，	三个钟头

3. 你们<u>坐飞机</u>坐了多长时间？
   我们坐飞机坐了<u>二十个小时</u>。

坐汽车，	三刻钟
唱歌，	二十分钟
划船，	一个半小时
开会，	两个小时

4. 你<u>写</u>了多长时间（的）汉字？
   我写了<u>二十五分钟</u>（的）汉字。

打，	球，	四十分钟

念，	课文，	一个钟头
学，	汉语，	三个月

5. <u>昨天的练习</u>你<u>作</u>了多长时间？

昨天的练习我作了<u>一小时</u>。

那本小说，	看，	两天
这些句子，	翻译，	四十分钟
那个录音，	听，	半小时

6. 她<u>毕业</u>已经差不多两年了。

回国	来北京
去南方	参加解放军

7. 我<u>寄</u>给她<u>两张照片</u>。

借，	一本词典
送，	一些花儿
带，	几本新画报

还，	两本故事书
教，	一个新歌

二、课文

一 封 信

夏西同学：

你好！来中国以后，没有立刻给你写信，请原谅。你最近忙不忙？身体好吗？

到中国已经一个月了。从我们首都来北京的时候，我坐飞机坐了二十个小时，在路上停了一天。到了学校，没有立刻上课，先休息了三天。我们到北京的公园玩儿了玩儿。这是我在颐和园照的照片，寄给你几张。

现在我们学习比较紧张。每天上午上四小时汉语课。中午休息一个半小时。下午有时候听录音，有时候有辅导。晚上要在宿舍复习差不多三个钟头。我们先在语言学院学一年汉语，以后再到别的大学学习四年专业。

刚到北京的时候，不太习惯这儿的天气，我病了一个星期。现在我很注意锻炼身体，每天下午都要打一个小时球，或者参加别的体育活动。

最近有什么新消息？我们的学校有什么变化？请你来信介绍一下。

时间不早了，就写到这儿吧。等着你的回信。

祝你

学习进步！

你的朋友　阿里

79年10月15日晚

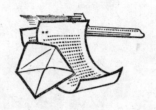

三、生　词

1. 中午　　（名）zhōngwǔ　　noon

2. 进行　　（动）jìnxíng　　to carry on, to go on

3. 多　　　（副）duō　　　how

4. 长　　　（形）cháng　　long

5. 时间　　（名）shíjiān　　time

6. 钟头　　（名）zhōngtóu　　hour

7. 讨论　　（动）tǎolùn　　to discuss

8. 划（船）（动）huá(chuán) to paddle (to row) a boat

9. 毕业　　　　bì yè　　to graduate

10. 差不多 (副、形) chàbuduō more or less, almost

11. 寄 (动) jì to send, to post, to mail

12. 封 (量) fēng a measure word

13. 信 (名) xìn letter

14. 立刻 (副) lìkè at once, immediately

15. 原谅 (动) yuánliàng to pardon, to excuse

16. 最近 (名) zuìjìn recent

17. 首都 (名) shǒudū capital

18. 停 (动) tíng to stay, to stop

19. 紧张 (形) jǐnzhāng intense, tense, nervous

20. 辅导 (动) fǔdǎo to coach

21. 专业 (名) zhuānyè speciality, profession

22. 活动 (名、动) huódòng activity

23. 消息 (名) xiāoxi news

24. 变化 (名) biànhuà change

25. 回信 (名) huíxìn a letter in reply, to reply letter, to reply by letter

26. 祝 (动) zhù to wish

27. 进步 (形、名) jìnbù progressive, progress, to make progress

补 充 生 词

1. **姓名** (名) xìngmíng surname and name, full name
2. **地址** (名) dìzhǐ address
3. **信封** (名) xìnfēng envelope
4. **邮票** (名) yóupiào stamp
5. **包裹** (名) bāoguǒ postal parcel (packet)

四、语 法

1. 时量补语(一) The complement of time (1)

时量补语用来说明一个动作或一种状态持续多长时间。例如：

The complement of time is used to tell how long an action or a state of things lasts, e.g.

(1) 他病了两天，没有来上课。

(2) 讨论学习问题的会开了两个小时。

(3) 这课课文他念了十五分钟就念熟了。

如果动词后带宾语，一般要重复动词，时量补语放在重复的动词后面。例如：

If the verb takes an object, it should be repeated, and then comes the complement of time, e.g.

(4) 他们看电视只看了两个钟头。

(5) 老师辅导我们辅导了一个半钟头。

8

(6) 阿里学汉语要学一年。

副词或能愿动词要放在重复的动词之前，如例(4)(6)。

The adverb or optative verb, if there is any, should be put in front of the repeated verb as shown in Examples (4) and (6).

如果宾语不是人称代词，表示时间的词语还可以放在动词和宾语中间（它和宾语之间可以加"的"）。例如：

If the object of the verb is not a personal pronoun, the word and phrase denoting time can be put between the verb and its object. (In this case, "的" can also be inserted between the word and phrase denoting time and the object), e.g.

(7) 他们上了四个小时（的）课。

(8) 我听了四十分钟（的）广播。

2. 时量补语(二) The complement of time (2)

时量补语有时表示从动作发生到某时（或说话时）的一段时间，这类动作大都是不能持续的，如"毕(业)"、"到"、"来"、"去"、"下(课)"、"死"、"离开"等。如果动词带宾语，时量补语要放在宾语之后。例如：

The complement of time sometimes indicates a period of time from the beginning of an action until a certain later time (or the time of speaking). Most of the actions are ones which are already completed and usually shown by such verbs as "毕(业)", "到", "来", "去", "下(课)", "死 (sǐ, to die)" and "离开 (líkāi, to leave)" etc. The complement of time should be put after the object if the verb takes one e.g.

(1) 他毕业已经三年了。

(2) 他来中国半年了。

(3) 我去叫他的时候，他已经起床半个小时了。

(4) 已经下课二十分钟了，同学们都回宿舍去了。

3. 副词"多" The adverb "多"

副词"多"放在形容词（多为单音节的）前，用来询问程度。"多"前还可以用上"有"。"多"加形容词可以作谓语。例如：

Placed in front of an adjective (usually a monosyllabic one), the adverb "多" is used to ask the degree or extent of something. In addition, "多" may also be preceded by "有". "多" plus an adjective can serve either as the predicate, e.g.

(1) 那间屋子多大？

(2) 那座楼多高？

(3) 清华大学离我们学校有多远？

——离我们学校差不多有三公里。

还可以作定语、宾语等。例如：

Or as an attributive or object, e.g.

(4) 你学汉语学了多长时间了？

——我学了一年了。

(5) 你走了多远？

——我走了半公里。

4. "给"作结果补语　"给" as a complement of result

"给"作结果补语表示施事者通过动作把某一事物交付某人或集体。例如：

"给", as a complement of result, shows that someone gives or hands over something to someone else or a collective, e..g

(1) 我回国的时候，他送给我一张照片。

(2) 那个大学寄给我们学校很多外文书。

语法术语

时量补语 shíliàng bǔyǔ　complement of time

五、练　习

1. 按照下列例子改写句子：Rewrite the following sentences in the manner of the examples given:

例 (1)

昨天晚上我看歌舞看了两个小时。

昨天晚上我看了两个小时歌舞。

(1) 晚饭以后，我常常听音乐听半个小时。

(2) 从北京大学毕业以后，她教法语教了四年。

(3) 昨天晚上他写回信写了一个钟头。

(4) 你每天复习旧课复习多长时间？

(5) 上星期五天气很不好，刮风刮了一天。

(6) 今天我们讨论学术问题讨论了一上午。

(7) 她在外语学院学英语学了四年。

例 (2)

今天我预习了二十分钟生词。

今天我预习生词预习了二十分钟。

(1) 安娜昨天在公园划了三个小时船。

(2) 玛丽写了半个钟头的回信。

(3) 中午他们睡了三刻钟觉。

(4) 丁力踢了一个半小时足球。

(5) 玛丽跳了半个钟头舞。

(6) 她唱了二十分钟歌。

(7) 上星期他发了三天烧，现在已经好了。

(8) 上个月他们学校放了三天假。

2．从下列词组中选择适当的填空并完成句子：

Fill in the blanks with appropriate words and phrases from the list below, and then complete the sentences. Make any other necessary changes.

划船 　　　　作句子

看电视 　　　讲语法

写回信 　　　念课文

听收音机 　　打乒乓球

学习汉语 　　预习生词

辅导学生 　　讨论学习问题

参观北京图书馆

(1) 昨天晚上我 ＿＿＿＿＿＿＿＿＿＿ 一个半钟头。

(2) 吃了晚饭，安娜 ＿＿＿＿＿＿＿ 四十分钟。

(3) 上课的时候，我们 ＿＿＿＿＿＿＿＿＿
十五分钟。

(4) 张老师给我们 ＿＿＿＿＿＿＿＿＿
二十分钟。

(5) 每天下午我＿＿＿＿＿＿＿＿半
个钟头。

(6) 我们在语言学院 ＿＿＿＿＿＿＿＿
一年。

(7) 上星期二下午,我们＿＿＿＿＿＿＿
三个小时。

(8) 阿里说,每天早上他＿＿＿＿＿＿＿
半个小时。

(9) 上星期日她跟她爱人和孩子在公园
里＿＿＿＿两个钟头。

(10) 今天上午你 ＿＿＿＿＿＿＿＿多
长时间?

(11) 上星期五他们班 ＿＿＿＿＿＿＿＿＿＿
半天。

(12) 昨天下午王老师 ＿＿＿＿＿＿＿＿＿
几个钟头？

(13) 上星期日晚上玛丽 ＿＿＿＿＿＿＿＿
三刻钟。

3. 用下列词组作带时量补语的句子：Make a sentence with the complement of time, using each of the following groups of words and phrases in the manner of the example given:
例

看足球比赛　　两个小时

我们看足球比赛看了两个小时。

我们看了两个小时足球比赛。

(1) 听汉语广播　　　　三刻钟

(2) 讲课文　　　　　　半个小时

(3) 开讨论会　　　　　一个半小时

(4) 访问社员家庭　　　两个钟头

(5) 介绍情况　　　　　一个钟头

(6) 吃早饭　　　　　二十分钟

(7) 睡觉　　　　　　八个钟头

(8) 复习第四十二课　半小时

(9) 上体育课　　　　四十分钟

(10) 下雨　　　　　　两天

4. 回答问题：Answer the following questions:

(1) 你每天上汉语课上几个小时？

(2) 你准备学几年汉语？

(3) 每天下午你锻炼身体吗？锻炼多长时间？

(4) 你每天什么时候念课文？念多长时间？

(5) 你已经学了多长时间汉语了？

(6) 晚上你几点睡觉？每天睡觉睡几个小时？

(7) 你学完第二本汉语书已经多长时间了？

16

5. 模仿下面的短文，讲一讲你一天的生活。

Say something about your studies and everyday life in our institute, using the following passage as an example.

　　每天早上我六点钟起床。起床以后，到楼外边的小操场锻炼身体锻炼半个小时。从六点半到七点，我在宿舍外边念半个钟头课文。七点钟去食堂吃早饭。吃饭差不多吃十五分钟。差二十分八点，我去教室。上课以前，可以听一刻钟录音。八点开始上课。上午我们上四小时汉语课。

　　中午吃了午饭，我在宿舍休息一个半小时。下午两点，有时候老师给我们辅导一个半小时，有时候我去阅览室看一个小时杂志或者画报。下午四点半，我锻炼一个小时，有时候踢足球，有时候打排球。

　　晚上我在宿舍复习旧课，预习新课，差不多学习三个小时。作完练习，听半个小时收音机。十点半上床睡觉，每天晚上能睡七个半小时。

6. 读后回答问题: Read the following passages, then answer the questions given after each of them:

(1) 星期日小王和他的朋友骑自行车去公园玩儿。他们八点钟出发,骑自行车骑了四十分钟。到了公园,他们先去爬山。他们爬山、在山上玩、下山,一共用了一个半小时。下来以后,休息了一刻钟,又去划船。他们划船划了一个半钟头。这时候快到吃午饭的时间了。小王和他的朋友,找到一个饭馆 (fànguǎnr, restaurant),进去坐下等着吃饭。从划船的地方到饭馆,他们走了一刻钟。在饭馆吃饭、休息,一共一个钟头。从饭馆到公园门口,走了十分钟。

* * *

他们回家的时候是几点几分?

(2) 小王的姐姐叫王红,是首都汽车厂的

18

技术员。今年六月一日，她坐火车到上海去开会。从北京到上海，坐火车要坐二十四小时。王红坐的火车，早上六点钟开。到了上海，王红开会开了半个月。开完会以后，她又住了三天，给工厂买了一些东西。买完东西，她坐晚上六点钟的火车回北京来。

　　＊　　　　＊　　　　＊

王红回到北京的时候是几月几号？

第 四 十 四 课

张文是从上海来的。
他是去年毕业的。

一、替换练习

1. 你是什么时候来的？

   我是今年九月来的。

去年十月	上月二十五号
昨天下午	前天晚上

2. 张文是从哪儿来的？

   张文是从上海来的。

   南方　东北　工厂　人民公社

3. 他是不是坐飞机来的？

他不是坐飞机来的，是坐火车来的。

坐火车，	坐船
坐汽车，	骑自行车
骑自行车，	走着
一个人，	跟代表团一起

4. 国际足球赛是在哪儿举行的？

是在北京举行的。

工业展览会，	上海
运动会，	学校的运动场
学生代表大会，	学校的礼堂
学术报告会，	研究所
庆祝活动，	颐和园

5. 他是什么时候毕业的？

他是去年毕业的。

（他是什么时候毕的业？

他是去年毕的业。）

参加研究工作，	今年八月
参观农业展览，	前天
参加体操表演，	上星期
学完专业，	前年

二、课　文

遇　见　老　朋　友

星期日，Ａ 在北京饭店门口遇见了一位老朋友。

A:　你好！你是什么时候来中国的？

B:　我是上月二十五号来的。在上海住了
　　一个星期，是前天到的北京。

A:　你是坐飞机从上海来的吗？

B:　不是坐飞机来的，是坐火车来的。

A:　你是一个人来的吗？

B:　不是，我是跟一个代表团一起来的。

我是代表团的翻译。

A: 你大学已经毕业了吗?

B: 是的,我是今年夏天毕业的。现在在一个科学研究所工作。

A: 你们的代表团准备在中国住多长时间?

B: 代表团团长说，大概要住一个月。北京正在举行一个国际展览会。参加这个展览会的代表团，是从各个国家来的。会上要进行科学讨论，我们的团长还准备了一篇学术报告。

A: 你们的代表团就住在北京饭店吗？

B: 对。我的房间是1216号。到我房间里去坐坐吧，喝杯茶。我还要请你介绍介绍北京的情况呢！

A: 我是跟学校的一位同学一起来的，他还在里边等我。我先去告诉他一下，再去找你。

B: 好吧，我在房间里等你。

三、生　词

1. 前天　　（名）qiántiān　　the day before yesterday
2. 代表团　（名）dàibiǎotuán　delegation
3. 国际　　（名）guójì　　international

4. 举行	(动)	jǔxíng	to hold
5. 运动会	(名)	yùndònghuì	sports meet
6. 运动场	(名)	yùndòngchǎng	sports (athletic) ground, playground
7. 代表	(名、动)	dàibiǎo	delegate, representative, to delegate, to represent, on behalf of
8. 学术	(名)	xuéshù	academic knowledge
9. 报告	(名、动)	bàogào	report, to report
10. 研究所	(名)	yánjiūsuǒ	institute
11. 庆祝	(动)	qìngzhù	to celebrate
12. 研究	(动)	yánjiū	to research
13. 农业	(名)	nóngyè	agriculture
14. 体操	(名)	tǐcāo	gymnastics
15. 前年	(名)	qiánnián	the year before last
16. 遇见		yù jiàn	to meet, to encounter
17. 老	(形)	lǎo	old, veteran
18. 饭店	(名)	fàndiàn	hotel, restaurant
19. 位	(量)	wèi	a measure word
20. 团长	(名)	tuánzhǎng	head of a delegation
21. 大概	(副)	dàgài	probably, most likely

22. 各	（代）gè	each
23. 篇	（量）piān	*a measure word*
24. 房间	（名）fángjiān	room
25. 喝	（动）hē	to drink
26. 杯	（量）bēi	*a measure word*, cup
27. 茶	（名）chá	tea

专 名

| 1. 东北 | Dōngběi | the Northeast of China |
| 2. 北京饭店 | Běijīng Fàndiàn | Beijing Hotel |

补 充 生 词

1. 电梯	（名）diàntī	lift, elevator
2. 餐厅	（名）cāntīng	dining-hall
3. 饭馆	（名）fànguǎnr	restaurant
4. 旅馆	（名）lǚguǎn	hotel
5. 浴室	（名）yùshì	bath-room
6. 卫生间	（名）wèishēngjiān	toilet

四、语 法

1. "是…的"格式　The construction "是…的"
对一个已经发生了的动作，要强调说明发生的时间、地点、或动作的方式等，就用"是…的"这个格式。"是"放在要强调说明的那一点之前（也可以省略），"的"放在句尾。例如：

In order to stress the time, place or manner etc. of an action which has already taken place, the construction "是…的" is used. "是" should be put immediately before what is to be stressed (sometimes it can be omitted), and "的" is put at the end of the sentence, e.g.

(1) 他是昨天到的。

(2) 我是在图书馆复习的。

(3) 阿里是坐飞机去的。

(4) 我们（是）跟代表团一起来的。

如果动词有宾语，宾语是名词时，常常放在"的"后。例如：

If the verb takes an object, the object is frequently put after "的" if it is a noun, e.g.

(5) 他们是在公园照的相。

(6) 你们（是）怎么去的颐和园？

—— 我（是）骑自行车去的颐和园，他（是）坐汽车去的。

宾语也可以在"的"前，尤其宾语是代词时，更是如此。例如：

The object can be put before "的" as well, and this is especially likely if the object is a pronoun, e.g.

(7) 他是一九七七年上大学的。

(8) 我(是)在礼堂门口看见他的。

如果动宾结构后面带趋向补语，"的"要放在句尾。例如：
If a verb-object construction takes a directional complement, "的" should be put at the end of the sentence, e.g.

(9) 阿里(是)上星期到上海去的。

(10) 她是上午打电话来的。

否定形式是"不是…的"，"是"不能省略。例如：
The negative form of the construction "是…的" is "不是…的" in which "是" can never be omitted, e.g.

(11) 我们不是在剧场看的电影，是在礼堂看的。

(12) 我不是跟阿里一起去的公园，是一个人去的。

2. 副词"就"(二) The adverb "就" (2)
"就"还可以表示肯定客观事实或强调事实正是如此。例如：
"就" can also be used to affirm an objective circumstance or stress that something is indeed the case, e.g.

(1) 他就是丁力的哥哥。

(2) 那座楼就是我们的宿舍。

(3) 我家就住在这座楼里。

_____

语法术语

　动宾结构　dòng bīn jiégòu　verb-object construction

五、练 习

1. 根据下列句子中的划线部分提问：Ask questions on the underlined parts of the following sentences:

(1) 我是<u>上星期下午</u>去研究所的。

(2) 这些书是<u>从图书馆</u>借的。

(3) 我们是<u>坐汽车</u>去研究所的。

(4) 他是<u>昨天下午</u>听的学术报告。

(5) 国庆节的时候，我们是<u>在首都</u>参加的庆祝活动。

(6) 参观完农业展览，我们是<u>坐汽车</u>回学校的。

(7) 昨天我参加运动会了，我是<u>跟阿里一起</u>去的。

(8) 昨天去国际饭店，我是<u>从我们学校去</u>

的，他是从城里去的。

2．回答问题：Answer the following questions:

(1) 你是从哪个国家来的？

(2) 你是什么时候到这儿的？

(3) 你是坐飞机来的，还是坐火车来的？

(4) 你是一个人来的，还是跟同学一起来的？

(5) 来这儿以后，你进过城吗？你是怎么去的？

(6) 到这儿以后，你看过歌舞吗？是什么时候看的？

(7) 上星期你看电影了吗？是在哪儿看的？星期几看的？跟谁一起看的？

3．用下列词组作"是…的"格式的句子：Make a sentence with the construction "是…的", using each of the following groups of words and phrases in the manner of the example given:

例

今年九月十五号

我是今年九月十五号到这个城市来的。

(1) 坐火车

(2) 坐船

(3) 前天下午

(4) 上星期日

(5) 从他家

(6) 在友谊商店

(7) 一个人

(8) 跟朋友一起

4. 根据所给词组扩展成对话: Make up a dialogue using each of the following phrases in the manner of the example given:

例

看体操表演

A: 昨天你去看体操表演了吗？

B: 去了。

A: 你是几点钟去的?

B: 我是下午两点出发的。

A: 几点到的？

B: 两点半到的。

A: 你是跟谁一起去的？

B: 我是跟我朋友一起去的。

A: 你是骑自行车去的吗？

B: 不是，我们是坐汽车去的。

A: 你们是几点回来的？

B: 我们是五点半回来的。

*   *   •

(1) 看国际足球比赛

(2) 参观展览会

(3) 去研究所听学术报告

(4) 去北京饭店看朋友

(5) 去公园玩儿

(6) 去参加庆祝活动

(7) 进城看杂技

5. 阅读后回答问题： Read the following passages, and then answer the questions given after each of them:

32

(1) 小张和小王星期日到公园去玩儿。小张是骑自行车去的，小王是坐汽车去的；小张是从家里去的，小王是从工厂去的。他们都是早上九点钟出发的。小张的家离公园十公里，小张骑自行车一小时能骑二十公里。小王的工厂离公园十五公里，汽车一小时可以开四十公里。小张骑自行车，在路上没有停，小王坐的汽车在路上停了十分钟。

*　　　*　　　*

他们两个谁先到公园？小王坐的汽车不停，谁到得早？

(2) 一个外国农业代表团到我们国家来举行展览，他们是上个月的最后一天从他们首都出发的。他们是坐飞机来的。

到这儿以后，代表团住在友谊饭店。代表团里有阿里的一个朋友，他叫马丁。马丁刚到饭店，就给阿里打了一个电话，阿里立刻到饭店去了。阿里是一个人坐汽车去的。

到了友谊饭店，那儿的人告诉阿里，这个代表团住在楼上，他们有六个房间。代表团团长一个人住一个房间，别的人两个人住一个房间。

阿里找到了马丁，两个人笑着热烈握手，都非常高兴。阿里告诉马丁，昨天他去看杂技了，他是跟大使馆的人一起去的。去看杂技的人很多，表演的节目都很好。马丁说，代表团要在这儿住半个月。在举行展览会的这半个月里，他们要参观一些地方。他想，他们在这儿的活动，一定很有意思。

*　　　　*　　　　*

这个代表团是几月几号出发的？代表团一共有多少人？

6. 把本课课文改为叙述体。Convert the text from a dialogue into narrative prose.

第 四 十 五 课

谢力从楼上跑下来了。

汽车开进学校来了。

他从桌子里拿出来一本书。

一、替 换 练 习

1. 谢力从楼上跑
   下来了。

外边，	进来
楼下，	上来
屋里，	出去
操场，	回来
那边，	过来

2. 幼儿园的孩子从
   那边跑过来了。

队伍，	走
谢力，	追

运动员，	跑
体操队，	走
火车，	开

3. 他走<u>进</u>教室去了。

出，	学校
上，	主席台
下，	楼
回，	家
进，	车间

4. 他从<u>桌子里</u>拿<u>出</u>一本书来。

桌子上，	起
书架上，	下
楼下，	上
外边，	进

36

丁力那儿，回
安娜那儿，过

5. 他从桌子里拿出来一本书。

箱子里，　找出，两件衣服
外边，　　拿进，一把椅子
楼下，　　带上，三瓶汽水
商店，　　买回，一个照相机
提包里，拿出，一件礼物

二、课　文

运　动　会

三、四辆汽车开进学校来了。这些人
是来参加运动会的①。

运动会八点开始。七点五十分，运动员
集合了。这时候，谢力还没有来，同学们
让我跑回宿舍去找他。我刚跑到楼门口，谢

力从楼上跑下来了。我对他说："快，大家都在等你呢。"

八点钟，运动员的队伍走进操场来了，大家走得非常整齐。当队伍走过主席台的时候，很多观众站起来鼓掌。

运动项目开始了。运动员有的跑，有的跳；观众有的鼓掌，有的喊"加油"，运动场上热闹极了。

谢力参加的项目是八百米赛跑。他跑完一圈的时候，忽然摔倒了。大夫刚要跑过去看，谢力自己爬起来，又追了上去。最后，谢力得了第三名。这时候，一个同学立刻拿起照相机来，给谢力照了一张相。观众都热烈鼓掌。

运动会进行了一天。最后，北京体操队给大家作了体操表演。

注

① "这些人是来参加运动会的。"这个句子的谓语"是来参加运动会的"表示目的。

In this sentence, the predicate "是来参加运动会的" tells the aim of the subject "这些人".

三、生　词

1. 幼儿园　（名）yòu'éryuán　kindergarten

2. 队伍　　（名）duìwu　　　contingent, troops

3. 追　　　（动）zhuī　　　　to run after, to pursue

4. 运动员　（名）yùndòngyuán athlete, sportsman, player

5. 主席台　（名）zhǔxítái　　rostrum

6. 车间　　（名）chējiān　　workshop

7. 拿　　　（动）ná　　　　to take, to hold

8. 瓶　　　（量）píng　　　*a measure word*, bottle

9.	汽水	（名）	qìshuǐ	aerated water, mineral water
10.	提包	（名）	tíbāo	hand-bag, bag
11.	礼物	（名）	lǐwù	present, gift
12.	集合	（动）	jíhé	to muster, to rally, to assemble

13. 当…的时候

        dāng…de shíhou   when

14.	观众	（名）	guānzhòng	audience, spectator
15.	项目	（名）	xiàngmù	event
16.	跳	（动）	tiào	to jump, to spring
17.	喊	（动）	hǎn	to shout, to yell
18.	加油		jiā yóu	to pep up, to cheer (players) on
19.	热闹	（形）	rènao	bustling and astir, boisterous
20.	米	（量）	mǐ	metre
21.	赛跑		sài pǎo	to run a race, race
22.	圈	（量）	quān	*a measure word*, circle
23.	忽然	（副）	hūrán	suddenly, all of a sudden
24.	摔	（动）	shuāi	to fall
25.	倒	（动）	dǎo	to fall down
26.	自己	（代）	zìjǐ	self

27.	又	(副)	yòu	again, once more
28.	最后	(名)	zuìhòu	last, at last
29.	名	(量)	míng	*a measure word*, place

补 充 生 词

1.	书包	(名)	shūbāo	satchel, schoolbag
2.	跳高	(名)	tiàogāo	high jump
3.	跳远	(名)	tiàoyuǎn	long jump, broad jump
4.	滑冰		huá bīng	ice-skating, skating
5.	裁判员	(名)	cáipànyuán	referee, judge, umpire

四、语 法

1. 复合趋向补语 The compound directional complement

动词"上、下、进、出、回、过、起"等后面加上"来"或"去"，可作另一动词的补语，叫作复合趋向补语。

The verb "上", "下", "进", "出", "回", "过" or "起" etc. can take after it "来" or "去" to serve together as the complement of another verb. This is known as a compound directional complement.

	上	下	进	出	回	过	起
来	上来	下来	进来	出来	回来	过来	起来
去	上去	下去	进去	出去	回去	过去	

复合趋向补语中的"来"和"去"的使用规律跟简单趋向补语"来"和"去"一样。例如：

"来" or "去" in the compound directional complements is used in the same way as the simple directional complement "来" or "去", e.g.

(1) 我在楼上，看见他从楼下跑上来了。

(2) 图书馆的同志告诉我，那本新小说已经借出去了。

如果有处所宾语，宾语一定要放在"来"或"去"之前。例如：

If there is an object denoting a place in the sentecne, it must be put in front of "来" or "去", e.g.

(3) 参观的人走进车间来了。

(4) 汽车开出工厂来了。

(5) 我想爬上长城去看看。

如果宾语是事物，不是处所，则可在"来"、"去"之前，也可在"来"、"去"之后。例如：

If the object is a thing rather than a place, it can be put either before or after "来" or "去", e.g.

(6) { 他从书架上拿下一本中文书来。
　　　他从书架上拿下来一本中文书。

42

(7) {
阿里寄回两张照片去。
阿里寄回去两张照片。
}

2. "了"和复合趋向补语 The aspect particle "了" and the compound directional complement

A. 如果动词后没有宾语，动态助词"了"可以放在动词之后。例如：

If the verb takes no object, the aspect particle "了" can be put either after the verb, e.g.

(1) 他说完话站了起来。

(2) 他在门口站了一会儿，就走了进去。

也可以放在复合趋向补语之后，与语气助词"了"合为一个，如语法1中的例（1）（2）。

Or after the compound directional complement. In this case, it becomes indistinguishable from the modal particle "了" as shown in Examples (1) and (2) in 1.

B. 如果动词后有宾语，"了"一般放在句尾，与语气助词"了"合为一个；或放在复合趋向补语之后宾语之前，但这时"了"往往省去。例如：

If the verb takes an object, the aspect particle "了" is usually put at the end of the sentence, in which case it becomes indistinguishable from the modal particle "了", or between the compound directional complement and the object, in which case it is usually omitted, e.g.

43

(3) 孩子们跑上山来了。

(4) 姐姐买回水果来了。

(5) 哥哥买回来（了）一个彩色电视机。

五、练 习

1. 写出用下列量词的名词来：Give nouns for each of the following measure words:

瓶　　篇　　杯　　封

位　　件　　辆　　本

2. 根据下列各图（图见第 45 页）作带趋向补语的句子：
Make a sentence suggested by each of the following pictures (see page 45), using the compound directional complements:

3. 将适当的复合趋向补语填入下列句子的空格中：
Fill in the blanks with the appropriate compound directional complements selected from among the following:

回来　回去　出来　进去　下来

上去　过来　过去　起来

(1) 他从书架上拿＿＿＿一本书，看了看又

放＿了。

(2) 张文昨天从商店买＿＿＿一件衣服。

44

45

(3) 他拿＿钢笔＿，在本子上写上了自己的名字。

(4) 从操场回宿舍的时候，我看见谢力走＿图书馆＿了。

(5) 张文要回家，他对他朋友说："这儿离我家不远，我不坐汽车，我要走＿。"

(6) 谢力从桌子里拿＿一本书对我说："这本书很有意思，你看看吧！"

(7) 等一等，你看，谢力从那边跑＿了。

(8) 我们正谈着话，一辆汽车从旁边开＿了。

(9) 在饭店门口，我看见老朋友从里边走＿了，我立刻走＿跟他握手。

(10) 我们走＿休息室＿的时候，谢力给我们拿＿几杯茶。

4. 根据下边的句子，指出说话人在什么地方：

46

Tell where the speaker is for each of the following sentences:

(1) 一辆汽车开进那个研究所去了。

(2) 这是谁的提包？请拿进屋里去吧。

(3) 刚才我看见丁力跑出去了，他说他去操场。

(4) 请你等一下，我跑上楼去拿，立刻就下来。

(5) 在幼儿园门口，小朋友们拿着花欢迎我们。我们鼓着掌走进去了。

(6) 大家正觉得热的时候，谢力从楼下拿上来很多瓶汽水。

(7) 我正在看书，安娜跑进来说："下雨了。"

(8) 椅子不要放在这儿，要拿进去。

5. 用所给的动词，带上复合趋向补语完成句子：
Complete the following sentences with the verbs given in brackets and their compound directional complements:

47

(1) 离上课还有一刻钟，谢力的练习本没有带来，他立刻_____。（跑）

(2) 运动会快要开始了，观众们看见学校的领导人_____主席台_____。（走）

(3) 那个孩子摔倒了，他自己立刻_____。（爬）

(4) 谢力的衣服脏了，他从箱子里_____。（拿）

(5) 我在楼下叫张文，他听到以后，立刻_____。（跑）

(6) 你进城的时候，一定给我_____那本小说。（买）

(7) 他明天回国，这些照片，我想请他给我朋友_____。（带）

(8) 看见领导人进来了，运动员们立刻_____。（站）

6. 用下列词组造句: Make a sentence using each of the following phrases:

(1) 跑上去　　(2) 带回来　　(3) 走进去

(4) 拿出来　　(5) 开过来　　(6) 站起来

(7) 跑下来　　(8) 寄回去　　(9) 追上来

7. 阅读以下短文，画一张路线图，再根据这张图复述短文内容: Read the passage, then make a sketch of the route followed and retell the story according to it:

星期日，谢力和阿里进城去玩儿。他们从宿舍楼出发，骑着自行车，从学校东门出去了。

他们先到商店买了些东西，又在商店旁边的剧场看了一个电影，就去公园了。

进了公园，他们先去爬山。谢力第一个爬上去了，阿里也很快爬上去了。他们在山上玩儿了一会，又一起从山上跑了下来。

山下边有一个湖 (hú, lake)，他们从山上下来以后，开始划船。他们从山下边划到很远的地方。一个钟头以后，又划了回来。

从公园出来，回学校的时候，他们在路上遇见了一个老朋友。他们的朋友跟一个代表团一起访问中国，住在北京饭店。这位朋友请他们到北京饭店去，一起谈一谈，他们去了。

他们从北京饭店回到学校来的时候，已经晚上六点钟了。

8. 根据拼音写出汉字，并翻译：Put the following phonetic transcriptions into Chinese characters and translate them into English:

(1) yùndònghuì   tǎolùnhuì   qìngzhùhuì
    bàogàohuì   zhǎnlǎnhuì   huānyínghuì
    yīnyuèhuì   wǎnhuì   wǔhuì

(2) tǐcāo   tǐyù   tǐyùguǎn
    tǐyùchǎng

(3) tǐcāoduì   lánqiúduì   zúqiúduì
    páiqiúduì   pīngpāngqiúduì

第四十六课　复习（9）

一、课　文

一个解放军战士

晚上七点半，阿里开始复习。他复习了二十分钟生词，念了半小时的课文，写了半个钟头汉字。作练习他只用了三十五分钟。最后预习生词用了差不多四十分钟。

阿里从桌子里拿出来一本书，坐在椅子上看。他看得非常认真。过了一会儿，我问他：

"阿里，你看的是什么书？是中文书吗？"

"是中文书。是一本故事书。这本书不太难，上边有很多画儿。"

"是从图书馆借的吗?"

"是从图书馆借的。"

"是今天借的吗?"

"不是今天借的,是前天下午借的。"

"书里写的是什么故事?你能给我讲一讲吗?"

"都是解放军战士的故事。我刚才看的这个故事里说,一个解放军战士,晚上回他住的地方。这一天天气不好,刮着大风,下着大雨。他走过一座小山的时候,看见铁路上有一块大石头。这时候山那边开过来一列火车。火车离这儿已经很近了。这个战士立刻跑过去，用力搬开了那块石头。火车停住了，人们立刻从车上跳下来，跑过来看这个战士，他受了伤。"

"最后怎么样了？"

"最后，火车开到前边一个城市，那个战士住进了医院。过了一个月，他的伤好了。"

二、生 词

1. 战士　　（名）zhànshì　　soldier
2. 非常　　（副）fēicháng　　very, extremely, highly
3. 座　　　（量）zuò　　　a measure word
4. 铁路　　（名）tiělù　　railway
5. 块　　　（量）kuài　　a measure word
6. 石头　　（名）shítou　　stone
7. 列　　　（量）liè　　a measure word
8. 用力　　　　　yòng lì　　to exert one's strength, with great strength
9. 搬　　　（动）bān　　to remove, to move

10.	受	(动) shòu	to suffer from
11.	伤	(名、动) shāng	wound, to be wounded

补 充 生 词

1.	兵	(名) bīng	soldier
2.	军队	(名) jūnduì	army, troops
3.	战斗	(动) zhàndòu	to fight, to combat
4.	勇敢	(形) yǒnggǎn	brave, courageous
5.	英雄	(名) yīngxióng	hero

三、练 习

1. 用时量补语改写下列句子：Rewrite the following sentences using the complement of time:

例

阿里从晚上七点半开始复习课文，复习到八点。

晚上阿里复习课文复习了半小时。

晚上阿里复习了半小时课文。

(1) 从 1980 年到 1984 年，我要在中国学习专业。

54

(2) 昨天晚上，从七点半到九点四十，我在剧场看歌舞节目了。

(3) 十天以前他有病住院了，今天才出院。

(4) 丁力坐火车从上海到北京来，他是昨天晚上十点钟上的火车，今天晚上八点钟就到了。

(5) 上午八点半，代表团团长开始作学术报告。作完报告的时候已经中午十二点了。

(6) 谢力给他的朋友写了一封信。这封信比较长，他从下午三点写到四点半。

(7) 今天晚上从七点到八点半在大使馆举行了欢迎代表团的会。

(8) 我哥哥是前年大学毕业的。

(9) 丁力的姐姐去南方开会，前天就去了。

(10) 谢力一点钟开始睡觉，一点四十五分，我去叫他的时候，他刚起来。

2. 用"是…的"格式改写下列句子：Rewrite the following sentences using the construction "是…的":

例

他骑自行车回家了。

他是骑自行车回家的。

(1) 他们在颐和园参加了庆祝中国国庆节的活动。

(2) 上星期日安娜跟谁一起进城了？

(3) 九月十五号，他们到了中国的首都北京。

(4) 昨天我们在科学研究所听了学术报告。

(5) 你在哪儿买了衬衣？

(6) 丁力的哥哥去年参加了解放军。

(7) 玛丽在北京火车站遇到了她的老朋

56

友。

(8) 在城里看完节目，我没有跟阿里一起
回学校，我一个人回来了。

(9) 昨天下午国家体操队给我们表演了
体操。

(10) 参观的队伍什么时候集合好了？

3. 将适当的动词和趋向补语填入下面短文的空格中：
Fill in the blanks in the passage with appropriate verbs
and their directional complements:

我们学校的运动会今天举行。运动员们
排着整齐的队伍，_____运动场_____了。大
会主席站_____大声说："运动会现在开始！"

第一个项目是一百米赛跑。六个运动
员一起_____了。五号跑在最前边。很快，
八号从后边_____。忽然，五号摔倒了。
他立刻_____，_____。最后，八号是第一
名。

第二个项目是老教师 (jiàoshī, teacher) 骑车

比赛。五辆自行车_____了。一个老师骑得最慢，但是他想努力_____。这时候很多观众都给他鼓掌，喊"加油"。

最后一个项目是体操。运动员们穿着白颜色的衣服，作操作得非常整齐。很多人都_____照相机_____给他们照相。

表演完体操以后，主席台上的领导同志，从台上_____跟运动员们一起照了相。

4. 先阅读下边的例子，然后按照例子用汉语解释生词：
Read the following examples, then explain in Chinese the meaning of the new words in the manner of the examples given:

例

(1) 公路：城市外边汽车走的路叫公路。

(2) 赛跑：运动会的比赛项目。参加的运动员一起开始跑，看谁跑得最快。

(3) 跳高：运动会的比赛项目，看哪

个运动员跳得最高。

(4) 搬：比较重的东西，人们用两只手从一个地方拿到别的地方叫搬。

(5) 舞台：剧场里演员表演的地方叫舞台。

(6) 伤员：受伤的战士。

*   *   *

(1) 跳远   (2) 搬家   (3) 看台

(4) 房间   (5) 铁路   (6) 运动场

(7) 停车   (8) 国际比赛

(9) （代表团）团长

5. 阅读下面短文，说出画线的词语是什么意思？
Read the following passage and explain in Chinese the meaning of each of the underlined words and phrases:

礼堂外边的停车场上，停着很多辆汽车。礼堂里边正在举行科学报告会。

参加这次会的，有大学的校长，学院的

院长，大学和中学的老师，工厂的技术员，还有一些学生。

张老师也参加了这次会。他在礼堂的进口，遇到了一位老同学。上中学的时候，他们是同班，在一个班学习过。他们一起走进会场。这时候，来的人已经很多了。他们坐了一会儿，报告就开始了。

这次报告会，也是一次学术讨论会。五个人作了学术报告。有的人还拿出本子来记。

报告会进行了差不多三个小时。最后，一位领导人讲了话。他讲得很好，大家听了以后都热烈鼓掌。

张老师和他的老同学从礼堂出来的时候，已经中午十二点了。他们准备吃了午饭，休息一会儿，午后到工业展览会去参观。

第 四 十 七 课

他看得懂《人民日报》。

声音太小，我听不清楚。

这些练习一节课作得完作不完？

一、替 换 练 习

1. 《人民日报》难不
   难？
   不难。
   他看得懂吗？
   他看得懂。

那个录音，	听
那本小说，	看
那个中国歌，	听
那本法文杂志，	看

2. 你看得见前边的东西吗？
   天太黑了，看不见。

前边的河	那个小湖
海里的船	那座山
黑板上的字	桌子上的钟

3. 耳机里的声音你听得见听不见？

听得见，但是听不清楚。

收音机	录音机	电视机	电话

4. 你能借得着那本书吗？

我想，能借得着。

买，	《中国历史故事》
找，	昨天丢的钢笔
找，	那块表
睡，	觉
猜，	这个谜语

5. 这些作业一节课作得完作不完？

赶快作，可能作得完。

汉字，	写
课文，	看
句子，	翻译
问题，	回答

6. 长城比较高，你上得去吗？

五层楼	那座山

7. 昨天天气比较热，今天凉快一点儿了。

天气，	冷，	暖和
生词，	多，	少
课文，	难，	容易

8. 这件衣服有一点儿短。

这本书，	难
今天，	冷

耳机里的声音，	不清楚
这间屋子，	小
这个地方，	不安静

二、课文

听 录 音

今天上课的时候，老师说："现在我们听录音。这是一个小故事，生词不太多，看看你们听得懂听不懂。"

大家戴上耳机，开始听了。谢力说："我的耳机声音有一点儿不清楚。"

"听得见吗？"

"听得见，但是听不清楚。"

老师问别的同学听得清楚听不清楚，大家都说听得清楚。老师对谢力说："可能你的耳机坏了，换一个耳机再试一试。"

谢力说，不用换了，现在清楚一点儿了。

这是中国古时候的故事。有个人，坐船过河。船走到河中间，不小心，他的剑掉

到水里去了。他赶快在船边上作了一个记号。别人问他，为什么作记号，他说："我的剑是从这儿掉下去的。"船到了河边，这个人立刻从作记号的地方跳下水去，找他的剑。

听完以后，老师让我们用汉语说一说，这个人找得着找不着他的剑，为什么？

很多同学都要回答，老师看了看表，说："快下课了，回答不完了，下一节课再请你们回答。"

三、生　词

1. 日报　　（名）rìbào　　daily paper, daily
2. 天　　　（名）tiān　　the sky

65

3.	河	(名)	hé	river
4.	湖	(名)	hú	lake
5.	海	(名)	hǎi	sea
6.	黑板	(名)	hēibǎn	blackboard
7.	钟	(名)	zhōng	clock
8.	耳机	(名)	ěrjī	earphone
9.	声音	(名)	shēngyīn	voice, sound
10.	电视机	(名)	diànshìjī	TV set
11.	着	(动)	zháo	to touch, to hit
12.	历史	(名)	lìshǐ	history
13.	丢	(动)	diū	to lose
14.	表	(名)	biǎo	watch
15.	猜	(动)	cāi	to guess
16.	谜语	(名)	míyǔ	riddle
17.	作业	(名)	zuòyè	homework
18.	赶快	(副)	gǎnkuài	hurriedly, in a hurry, at once
19.	层	(量)	céng	*a measure word*, storey
20.	一点儿		yì diǎnr	a little, a bit
21.	有一点儿		yǒu yì diǎnr	some, a little, a bit, somewhat

22.	短	(形) duǎn	short
23.	间	(量) jiān	*a measure word*
24.	戴	(动) dài	to wear
25.	坏	(形、动) huài	bad, spoiled, damaged
26.	换	(动) huàn	to change, to exchange
27.	古	(形) gǔ	ancient
28.	小心	(形) xiǎoxīn	careful, cautious
29.	剑	(名) jiàn	sword
30.	掉	(动) diào	to drop, to lose
31.	记号	(名) jìhào	mark, sign

专 名

《人民日报》 《Rénmín

Rìbào》 "People's Daily"

补 充 生 词

1.	复述	(动) fùshù	to retell, to repeat
2.	听写	(动) tīngxiě	to dictate, to have dictation
3.	改写	(动) gǎixiě	to rewrite
4.	填空	tián kòngr	to fill in a blank
5.	《基础汉语课本》	《Jīchǔ Hànyǔ kèběn》	
		"Elementary Chinese Readers"	

四、语 法

1. 可能补语　The potential complement

在结果补语和趋向补语前面加上结构助词"得"，就可以构成可能补语。可能补语表示可能。否定形式是用"不"代替"得"。例如：

A potential complement, which expresses possibility, is formed by adding the structural particle "得" in front of the complement of result or the directional complement. Its negative form is made by using "不" instead of "得", e.g.

(1) 这个学术报告不太长，两个小时讲得完。

(2) 那座山不高，我们一定爬得上去。

(3) 王老师去参加科学讨论会了，五点以前回不来。

(4) 我站得比较远，看不清楚。

(5) 他走远了，你叫他，他听不见了。

动词带宾语时，宾语在可能补语之后。如果宾语较长，则往往用前置宾语。例如：

If the verb takes an object, it is placed after the potential complement. If the object is long, however, it is usually transferred to the verb, e.g.

(6) 下午四点半以前你作得完今天的作业吗?

(7) 你借给我的那本中文小说，我看不懂。

动词带可能补语的正反疑问形式是：
The affirmative + negative questions of the verb taking a potential complement are shown in the following examples:

(8) 你猜得着猜不着这个谜语?

(9) 这座山比较高, 你上得去上不去?

2. 可能补语和能愿动词 The potential complement and the optative verb

可能补语表示的是施事者有能力进行某动作并达到某结果，而能愿动词"能"、"可以"等除能表示上述意思外，还可以表示环境或情理上的许可。因此，虽然有时可能补语可以代替能愿动词"能"或"可以"，但并不是所有用"能"或"可以"的句子，都能换用可能补语。例如："我可以进去吗?"就不能说成"我进得去吗?"

另外，有时为了加重语气在用可能补语的句子中，也可以再用上"能"或"可以"。例如：

A potential complement indicates that one has ability to carry on an action and make it bring about a certain result while the optative verb "能" or "可以" etc., besides indicating the above meaning, indicates moral or factual necessity. Therefore, in some cases, a potential complement can be used instead of the optative verb "能" or "可以", but this is not always the case, e.g. "我可以进去吗?" can't be said as "我进得去吗?".

In addition, in order to intensify the tone of the sentence, "能" or "可以" can also be used simultaneously with a potential complement, e.g.

(1) 这篇报告不长，两个小时能讲得完。

(2) 他们八点就出发了，我想中午可以回得来。

语法术语

可能补语　kěnéng bǔyǔ　potential complement

五、练 习

1. 用动词和可能补语填空：Fill in the blanks with appropriate verbs and potential complements:

(1) 天太黑了，我＿＿＿＿＿墙上的字。

(2) 耳机里的声音太小，我＿＿＿＿＿。

(3) 你作的记号很清楚，我＿＿＿＿＿。

70

(4) 电话机可能坏了，我＿＿＿＿＿＿他说的话。

(5) 这辆自行车不重，我＿＿＿＿＿＿。

(6) 这篇学术报告不难，他们＿＿＿＿＿＿。

(7) 这座山不高，她＿＿＿＿＿＿。

(8) 他告诉我房间号了，我一定＿＿＿＿＿。

(9) 昨天在体育馆看体操表演，我坐得比较远，＿＿＿＿＿＿。

(10) 老师留的作业，我们都＿＿＿＿＿＿。

(11) 门太小了，那辆大汽车＿＿＿＿＿＿。

(12) 那个展览会上的东西太多了，三个钟头＿＿＿＿＿。

(13) 他走远了，你叫他，他＿＿＿＿＿＿。

2. 把下列疑问句改成带可能补语的疑问句并回答：

Change the following to questions using a potential complement and answer them:

例

一个小时你能作完今天的作业吗？

一个小时你作得完今天的作业吗？

——作得完。

(1) 你能看懂他作的记号吗？

(2) 你一个小时能搬完这些石头吗？

(3) 他摔伤了，能参加完比赛的项目吗？

(4) 你能听懂这个学术报告吗？

(5) 你坐的地方离主席台比较远，能听清楚吗？

(6) 今天下午你能看见丁力吗？

(7) 你能借到一本汉英词典吗？

(8) 两分钟你能不能跑完八百米？

(9) 你能看见前边的那座山吗？

(10) 这个节目十五分钟能表演完吗？

(11) 午饭以前，你能翻译完这篇课文吗？

(12) 我们能追上前边的队伍吗？

(13) 集合以前，你能回来吗？

(14) 一个晚上我们能学会这个歌吗？

(15) 这个谜语不难，你能猜着吗？

3. 用"一点儿"或"有一点儿"填空：Fill in the blanks with either "一点儿" or "有一点儿":

(1) 这个湖____小，不能进行划船比赛。

(2) 下雨了，小心____，别摔倒了。

(3) 这件毛衣____小，我想换大____的。

(4) 你认真____，作业里就不会有很多错字了。

(5) 这个教室大____，那块大黑板就挂得下了。

(6) 这座山高____，那座山远____，你想爬哪座？

(7) 这块表大____，那块小____，你喜欢哪块？

(8) 请你明天来得早____。

(9) 这本书____难，有没有容易____的？

(10) 我想买一张大____的地图，太小了我看不清楚。

4. 阅读下列对话并复述：Read and retell the following dialogue:

丁：阿里，你作完作业了吗？

阿：我作完了。有事吗？

丁：你赶快来，收音机正在说谜语，你
　　听听，看看我们猜得着猜不着。他
　　说得很慢，我们都听得懂。你听：

　　　　弟弟长，哥哥短，

　　　　每天赛跑大家看。

　　　　弟弟跑了十二圈，

　　　　哥哥一圈刚跑完。

　　我们想一想，这是什么东西？他说
　　是一件用的东西。喂，阿里，你猜
　　着了吗？

阿：我猜着了，是一个钟。

丁：对，或者是一块表。你听，他又说

了：

有城没人住，

有山没石头，

有河没有水，

有路车不走。

阿：丁力，你猜着了吗？

丁：我猜不着，这个谜语有点儿难。

阿：我也猜不着，我们听听他说是什
么。啊，地图！地图上画着城市，
但是没有人住；地图上有山，没
有石头；有河，但是没有水；有
路，但是汽车、火车不能在上边
走。

第 四 十 八 课

我把今天的练习作完了。
你把这些东西送去。

一、替 换 练 习

1. 你把今天的练习作完了吗？
   作完了。

明天的课，	准备好
今天的课文，	念熟
那些问题，	回答对
收音机，	打开

2. 请你把那本书给他。

```
那包东西，    给
这件事，      告诉
这个消息，    通知
```

3. 你把这些东西送去吧。

```
这封信，      寄
照相机，      拿
这些花儿，    带
这个孩子，    抱
```

4. 你把这袋粮食扛进来。

```
拿过来  搬出去  扛起来  放下来
```

5. 你把身上的雪扫扫。

```
要带的东西，      准备
自己的学习方法，  介绍
```

参观的情况,	谈
课文的意思,	讲
这个句子,	分析

二、课 文

军 民 一 家

新年快要到了,解放军战士谢刚休假回家看母亲。

刚下火车, 就下起雪来①。快到家的时候, 雪下得更大了。这时候, 他看见前边有个女同志, 扛着一袋粮食, 手里还抱着一大包东西, 走起路来②很困难。谢刚立刻跑过去说:"同志,你把粮食给我,我帮你扛。"

"谢谢!"那位女同志看了看谢刚,把粮食给了他。

女同志一边走, 一边问谢刚:"同志,你去哪儿?"

"我休假回家看母亲。我家就在前边,向阳路八十号。"

"你是谢大娘的儿子吧?"

"你怎么知道?……"

"已经到了八十号了,快进去吧。"

"不,我先把你的东西送去,再回家。"

"你快把粮食扛进去吧,这些粮食……"

谢刚的母亲谢大娘,听见外边有人说话,赶快从屋里走出来。

"啊,是兰英同志来了。快把东西放下,把身上的雪扫扫,到屋里坐。"接着谢大娘

对儿子说："孩子，你不认识她吧？这是商店的李兰英同志。她是来给我们家送粮食的。她看我年纪大了，买东西不方便，你又③不在家，为了照顾我，每个月都把粮食和别的东西送来……"

听了妈妈的话，谢刚非常感动。他把粮食放下，握着李兰英的手说："谢谢你的关心和帮助。"李兰英笑着说："不用客气，刚才不是你帮我扛的粮食吗④？"

注

① 复合趋向补语"起来"有一种引申意义，即表示动作开始并继续。例如："谈起来"、"笑起来"、"鼓起掌来"、"唱起歌来"。

One of the extended usages of the compound directional complement "起来" is to indicate the beginning of an action and its continuation, e.g. "谈起来", "笑起来", "鼓起掌来", "唱起歌来".

② 复合趋向补语"起来"的另一种引申意义是表示"在实际作某动作的时候"。例如："这件事说起来容易，作起来难。"

Another extended usage of the compound directional complement "起来" is to mean "在实际作某动作的时候" (when one is putting a certain action in practice), e.g. "这件事说起

来容易，作起来难".

③ 副词"又"可以表示两种情况同时存在。在课文里，表示谢大娘年纪大，再加上儿子不在家两个原因同时存在。

The adverb "又" can indicate that two states of affairs exist simultaneously. In the text it indicates two facts that Auntie Xie is advanced in years and her son works somewhere away from home exist simultaneously.

④ "不是…吗"表示反问，用来强调肯定。例如："你不是看了那个展览会了吗？给我们介绍介绍吧。""不要找了，这不是你的本子吗？"

"不是…吗" is a tag question used to stress confirmation of a statement, e.g. "你不是看了那个展览会了吗？给我们介绍介绍吧。""不要找了，这不是你的本子吗？"

三、生 词

1. 把　　（介）bǎ　　　　*a preposition showing disposal*

2. 包　　（量）bāo　　　　*a measure word,* parcel

3. 通知　（动、名）tōngzhī　to note, to inform, note

4. 抱　　（动）bào　　　　to carry in one's arms

5. 袋　　（量）dài　　　　*a measure word,* bag

6. 粮食　（名）liángshi　　grain

7. 扛　　（动）káng　　　　to carry on one's shoulder, to shoulder

8. 身　　（名）shēn　　　　body

9.	扫	（动）sǎo	to sweep
10.	方法	（名）fāngfǎ	method, way
11.	意思	（名）yìsi	meaning, sense
12.	分析	（动）fēnxī	to analyze
13.	新年	（名）xīnnián	New Year
14.	休假	（名）xiū jià	to be on holiday (leave)
15.	母亲	（名）mǔqin	mother
16.	更	（副）gèng	even, still
17.	困难	（形、名）kùnnan	difficult, difficulty
18.	帮	（动）bāng	to help
19.	大娘	（名）dàniáng	auntie, aunt
20.	儿子	（名）érzi	son
21.	接着	（连）jiēzhe	after, following, next
22.	认识	（动）rènshi	to recognize, to know, to be familiar with
23.	年纪	（名）niánjì	age
24.	方便	（形）fāngbiàn	convenient
25.	为了	（介）wèile	for
26.	照顾	（动）zhàogu	to take care of, to look after
27.	感动	（形、动）gǎndòng	moving, touching, to move, to be moved

28. 关心	(动) guānxīn	to show concern for, to be concerned about, to take care of
29. 客气	(形) kèqi	polite, courteous

专 名

1. 谢刚	Xiè Gāng	*name of a person*
2. 向阳路	Xiàngyáng Lù	*name of a street*
3. 李兰英	Lǐ Lányīng	*name of a person*

补 充 生 词

1. 面粉	(名) miànfěn	flour
2. 大米	(名) dàmǐ	rice
3. 鱼	(名) yú	fish
4. 鸡	(名) jī	cock, hen, chicken
5. 鸡蛋	(名) jīdàn	hen's egg
6. 蔬菜	(名) shūcài	vegetable

四、语 法

1. "把"字句（一） "把" sentence (1)

"把"字句是动词谓语句的一种。当我们要强调说明动作对某事物有所处置及处置的结果时，就可以用"把"字句。例如：

"把" sentence (1) is one of the sentences with verbs as their predicates. When we want to emphasize how something is disposed of and what result is brought about by disposing of it, we use a "把" sentence, e.g.

(1) 我把练习作完了。

(2) 他已经把那篇学术报告准备好了。

同样的意思，往往用一般的动词谓语句也可以表示。例如：
The same meaning as shown in the two examples above can also be conveyed by an ordinary sentence without "把", e.g.

(3) 我作完练习了。

(4) 他已经准备好了那篇学术报告。

这两种句型所表达的意思基本相同，但例（3）（4）只是一般的叙述，例（1）（2）则在叙述之中还有强调主语怎样通过动作对"把"的宾语进行处置以及处置结果的意思。处置是指使受处置的事物移动位置，改变形状或受到怎样的影响等。

The meaning expressed by the above two kinds of sentence patterns is about the same, but Examples (3) and (4) are simply narrative while Examples (1) and (2) aim as well at stressing how the object of "把" is disposed of and what the result of the disposal is. Disposal here means the thing disposed of changes its position, alters its shape or how it is influenced.

"把"字句的词序如下：
The word-order of a "把" sentence is as follows:
主语——"把"——宾语（受处置的事物）——动词——其他成分（如何处置或处置的结果）
例如：

84

subject——"把"——object (the thing to be disposed
of)——verb——other elements (the result of dispo-
sal) e.g.

(5) 谢力已经把课文念得很熟了。

(6) 请你把这儿的情况介绍介绍吧。

2. "把"字句要求的条件 Points to be borne in mind in
using a "把" sentence

A. "把"字的宾语在意义上就是主要动词的受事，一般它是
说话人心目中已确定的。

The object of the preposition "把" is, in meaning, the
receiver of the action indicated by the main verb, and it is,
as a rule, a definite one in the mind of the speaker.

B. 动词后一般带有其他成分（如动态助词"了"、补语、宾语
等，或者动词本身重叠），说明怎样处置或处置的结果，但不能
带可能补语。

There is usually some other element after the verb (such
as the aspect particle "了", a complement or an object etc.
or the verb is reduplicated) to tell how something is dispo-
sed of or what the result of the disposal is. The verb cannot,
however, take a potential complement after it.

C. 主要动词（或动补结构）一定是及物的，往往是有处
置或支配意义的。所以有些动词，如："有"、"在"、"是"、"觉
得"、"知道"、"来"、"去" 等，都不能作 "把" 字句的主要动
词。

The main verb (or verb-complement construction) must
be a transitive one and usually possesses the sense of dispo-

sal. That's why some verbs such as "有", "在", "是", "觉得", "知道", "来" and "去" etc. can never serve as the main verb in a "把" sentence.

3. 能愿动词和否定副词在"把"字句中的位置

The position of the optative verb or negative adverb in a "把" sentence

在"把"字句中，能愿动词和否定副词都要放在"把"字之前。例如：

In a "把" sentence, the optative verb or negative adverb, if there is any, must be placed before the preposition "把", not before the verb, e.g.

(1) 今天我没把照相机带来，不能照相了。

(2) 今天晚上有大风，我们应该把窗户关好。

(3) 不把汉语学好，就不能学好专业。

语法术语

"把"字句 "bǎ"zìjù "把" sentence

五、练 习

1. 把下列句子改成"把"字句：Change the following to "把" sentences:

例

我复习完昨天的课文了。

我把昨天的课文复习完了。

(1) 我买来那本书了。

(2) 他还没看完那本小说。

(3) 他吃药了吗?

(4) 请你给丁力这张足球票。

(5) 他让我告诉你这件事。

(6) 老大娘扫了扫衣服上的雪。

(7) 我们讨论讨论这个报告吧。

(8) 不看懂课文的意思，就不能回答问题。

2. 把下面的句子改成不带"把"的句子：Change the following to sentences without "把"：

例

我把下一课的生词预习好了。

我预习好下一课的生词了。

(1) 请你把这两个句子分析分析。

(2) 老大娘把孩子抱起来就走了。

(3) 我把球借来了，我们去打球吧。

(4) 为了把张大娘照顾好，她这个星期天没有休息。

(5) 你们把作业本子给老师了没有？

(6) 屋子里太热，应该把窗户打开。

(7) 他还没把冬天的衣服找出来。

(8) 外边下雨了，应该把那些粮食扛进来。

(9) 请你把访问工人家庭的情况谈一谈。

(10) 请同学们把书拿出来。

(11) 把电视机买回来以后，我们看节目就方便了。

(12) 请你把这件礼物带给她，谢谢她对我们的关心。

3. 用所给的词语造"把"字句：Make a "把" sentence using each of the following groups of words and phrases:

例

作业　　作

我把今天的作业作完了。

(1) 课文　　翻译

(2) 句子　　分析

(3) 课文　　念

(4) 东西　　送

(5) 消息　　告诉

(6) 信　　寄

(7) 票　　给

(8) 桌子　　搬

4. 根据课文回答问题：Answer the following questions on the text:

(1) 为什么李兰英想，她遇到的解放军战士，可能是谢大娘的儿子？

(2) 为什么谢大娘听见外边有人说话，赶快从屋里走出来？

(3) 谢刚和李兰英，谁帮助了谁？

(4) 介绍一下课文里的三个人。

5. 给下面的动词配上宾语： Give objects for each of the following verbs:

例

搬→搬桌子， 搬椅子， 搬箱子，

搬衣柜， 搬石头

抱 拿 扛 扫 挂 握 打 换 放

戴 穿 猜

6. 根据拼音写出汉字： Write each of the following words in phonetic transcription in a Chinese character:

bào （　）孩子　　　看 bào （　）

一 dài （　）粮食　　dài （　）表团

dài （　）耳机　　　dài （　）东西

kè （　）气　　　　上 kè （　）

gǎn （　）快　　　gǎn （　）动

liáng （　）食　　　liáng （　）快

xīn （　）年　　　小 xīn （　）

yī （　）服　　　　yī （　）院

yán （　）究所　　yán （　）色

yǐ （　）后　　　　yǐ （　）经

yǐ （　）子

7. 分角色朗读以下对话: Carry on the following dialogue with three students reading the different roles in turn:

（外边下着大雪，一个女同志在路上走着。她扛着一袋粮食，手里还拿着一大包东西。这是商店的李兰英同志。解放军战士谢刚，从后边走过来，看见前边的女同志走路很困难，立刻追了上去。）

谢　刚：同志，你拿的东西太多了，路不好走，我帮你拿吧。

李兰英：没关系，我自己能拿。

谢　刚：不，这袋粮食比较重。你把粮食给我，别的东西你自己拿。

李兰英：好吧，谢谢你。（李兰英把粮食给了谢刚）

谢　刚：你家离这儿远吗？

李兰英：你先告诉我，你去哪儿？

谢　刚：我休假回家看母亲，我家就在这条 (tiáo, a measure word) 街上。

李兰英：你是什么时候参加解放军的？

谢　刚：我是去年参军的。

李兰英：你家里还有什么人？

谢　刚：现在家里只有一个母亲。我有
　　　　一个姐姐，她在别的城市工作。

李兰英：你是不是向阳路八十号谢大娘
　　　　的儿子？

谢　刚：对，我叫谢刚，我家在向阳路
　　　　八十号。你是怎么知道的？
　　　　（他们一边走，一边说，一会儿，到了向
　　　　阳路八十号的门口）

李兰英：你看，已经到八十号门口了。
　　　　你已经到家了，快进去吧。

谢　刚：不，我先把你的东西送回去，我
　　　　晚回家一会儿没关系，你快告
　　　　诉我你家在哪儿。

李兰英：不用送了，这些粮食……

谢　刚：不，不，一定要先把你的东西

送去……　（谢大娘听见外边说话的声音，赶快从屋里走出来）

谢大娘：是兰英同志啊！下着大雪，还来送东西。赶快把东西放下，扫扫身上的雪，到屋里来休息休息吧。

谢　刚：妈，这位女同志是……

谢大娘：啊，孩子，你还不认识她。这是向阳商店的李兰英同志。你参军以后，她看我年纪大了，我们家又没有别的人，每个月都把要买的东西送到家里来。今天她是来给我送东西的。

谢　刚：李同志，谢谢你的关心和帮助！

李兰英：不用谢了，我们军民是一家人啊！

第 四 十 九 课

他们把桌子搬到外边去了。
你把录音机放在这儿。

一、替 换 练 习

1. 他们把讲桌搬到外边去了。

病人，	送，	医院
粮食，	扛，	屋里
照片，	寄，	上海
汽车，	开，	学校
石头，	扔，	湖里
孩子，	送，	幼儿园

2. 你把花儿摆在桌子上。

照片，	摆，	桌子上
大衣，	挂，	衣柜里
帽子，	放，	桌子上
汽车，	停，	门口
名字，	写，	书上
这件事，	记，	本子上
洗好的衣服，	放，	那儿

3. 请把钢笔还给他。

粉笔，	交
这封信，	寄
这张照片，	送
这些水果，	带
这些东西，	拿
这十块钱，	交

4. 我们准备把桌子摆成圆形。

这篇文章，	翻译，	英文
这件事，	写，	故事
这个地方，	布置，	会场
这些纸，	作，	花儿
这两个句子，	改，	一个句子
这篇小说，	改，	话剧

二、课 文

布 置 会 场

我们已经学了两个月汉语了，大家都希

望跟中国同学开一个座谈会,交流一下学习经验。下午，我们都到教室来了。谢力说：

"我们把会场布置一下吧。先把桌子摆一摆。大家看摆成什么样？"

"把桌子摆成圆形比较好。"

"讲桌放在哪儿呢？"

"不要讲桌了，把它搬到外边去吧。"

"课程表挂在哪儿？"

"把它挂在黑板旁边。"

"阿里，劳驾，请把窗户关一下，风太大，别把桌子上的纸刮下来。"

"黑板上要不要写字？"

"要写。先把黑板擦一擦，写上'座谈会'三个字。把粉笔交给阿里，请他写吧，他写得比较好看。"

"座谈会要录音，现在先试一试。把录音机搬到这边来，把它放在这儿……"

"座位都摆好了吗？我们把中国同学请来吧！"

"不用去了！"阿里指着门口说，"你们看，他们来了！"

注

① "上"作结果补语可以表示通过动作而使某事物存在或附着于某处。例如："桌子上摆上了花。""天气冷了，很多人都穿上了毛衣。"

"上", as a complement of result, indicates that sth. stays at a certain place or in contact with sth. else through an action, e.g. "桌子上摆上了花", "天气冷了，很多人都穿上了毛衣".

三、生　词

1. 讲桌	（名）	jiǎngzhuō	lecture desk
2. 病人	（名）	bìngrén	patient
3. 扔	（动）	rēng	to throw, to cast
4. 摆	（动）	bǎi	to put, to place
5. 大衣	（名）	dàyī	overcoat, topcoat
6. 帽子	（名）	màozi	hat, cap
7. 记	（动）	jì	to write down, to record
8. 洗	（动）	xǐ	to wash

98

9. 粉笔	（名）	fěnbǐ	chalk
10. 交	（动）	jiāo	to hand over, to hand in, to deliver
11. 成	（动）	chéng	to become, to turn into
12. 圆形	（名）	yuánxíng	round, circular
13. 文章	（名）	wénzhāng	literary composition, essay, article
14. 布置	（动）	bùzhì	to arrange, to dispose
15. 会场	（名）	huìchǎng	meeting-place, conference (assembly) hall
16. 改	（动）	gǎi	to change
17. 希望	（动）	xīwàng	to hope, to wish
18. 座谈	（动）	zuòtán	to have an informal discussion
19. 交流	（动）	jiāoliú	to exchange
20. 经验	（名）	jīngyàn	experience
21. 样	（名）	yàng	shape
22. 它	（代）	tā	it
23. 课程	（名）	kèchéng	course, curriculum
24. 表	（名）	biǎo	table
25. 劳驾		láo jià	would you mind…? can you

do me a favour…?

26. 别　　（副）bié　　do not, don't

27. 擦　　（动）cā　　to sweep

28. 座位　（名）zuòwèi　　seat

29. 指　　（动）zhǐ　　to point at, to point to

补 充 生 词

1. 方形　　（名）fāngxíng　　square

2. 三角形　（名）sānjiǎoxíng　triangle

3. 联欢会　　liánhuān huì　get-together

4. 鞋　　（名）xié　　shoes

5. 袜子　　（名）wàzi　　socks, stockings

四、语 法

"把"字句（二）　"把" sentence（2）

A．如果主要动词后有结果补语 "到" 和表示处所的宾语，说明受处置的事物或人通过动作到达某地时，必须用 "把" 字句。例如：

If the main verb is followed by both the complement of result "到" and an object denoting a place, thus forming a verbal construction indicating that the thing or person to be disposed of reaches a certain place through an action, a "把" sentence must be used, e.g.

(1) 他把那两个孩子送到了家。

100

(2) 请你把汽车开到北京饭店门口等我。

B. 如果主要动词后有复合趋向补语和表示处所的宾语，说明受处置的事物或人通过动作趋向于某处时，在某些情况下，必须用"把"字句。例如：

If the main verb is followed by both a compound directional complement and an object denoting a place, thus forming a verbal construction indicating that the thing or person to be disposed of tends towards a certain place through an action, a "把" sentence, in some cases, must be used, e.g.

(3) 他把汽车开进大门口来了。

(4) 他们把船划到那边去了。

C. 如果主要动词后有结果补语"在"和表示处所的宾语，说明受处置的事物或人通过动作处于某地时，必须用"把"字句。例如：

If the main verb is followed by both the complement of result "在" and an object denoting a place, thus forming a verbal construction indicating that the thing or person to be disposed of stays at a certain place through an action, a "把" sentence must be used, e.g.

(5) 她把拿来的东西都放在床上了。

(6) 她把朋友送来的花儿摆在桌子上了。

D. 如果主要动词后有结果补语"给"和表示对象的宾语，说明受处置的事物通过动作交给某一对象时，在某些情况下，也必须用"把"字句。例如：

If the main verb is followed by both the complement of result "给" and an object denoting a physical object, thus forming a verbal construction indicating that the thing to be disposed of is given to the object thruogh an action, a "把" sentence, in some cases, must also be used, e.g.

(7) 他把球扔给我了。

(8) 他把自己的足球票送给别人了。

E. 如果主要动词后有结果补语"成"和表示结果的宾语，说明受处置的事物或人通过动作而成为什么时，必须用"把"字句。例如：

If the main verb is followed by both the complement of result "成" and an object denoting a result, thus forming a verbal construction indicating what the thing or person to be disposed of has become through an action, a "把" sentence must be used, e.g.

(9) 他把那本英文小说翻译成中文了。

(10) 他把"休息"的"休"写成了"身体"的
"体"。

五、练 习

1. 用"在"、"到"、"给"、"成"填空：Fill in the blanks with "在"，"到"，"给" or "成"：

(1) 他把那张桌子搬_____楼上去了。

(2) 劳驾,把地图挂_____这儿。

(3) 请你把课程表交_____他。

(4) 下午你把那件大衣送_____洗衣店去吧。

(5) 请把这些英文句子翻译_____中文。

(6) 你把帽子带_____他,好吗?

(7) 别把汽车停_____门口。

(8) 人们把病人送_____了医院。

(9) 下星期我把这些照片寄_____我朋友。

(10) 请你把这个句子改_____"把"字句。

(11) 我把"找"写_____"我"了。

(12) 希望你把学习经验介绍_____我们。

2.完成句子: Complete the following sentences:

(1) 他把那块石头扔_____。

(2) 我们在颐和园照的照片很不错,我想把它寄_____。

(3) 下雨了，不能骑自行车回去了，我把自行车 _____。

(4) 这篇文章我已经看完了，请你把它还_____。

(5) 每个月李兰英都把谢大娘要买的东西送_____。

(6) 请把这次座谈会的情况说_____。

(7) 天气冷了，应该把夏天的衣服放_____。

(8) 这儿没有地方打乒乓球，我们准备把这个大屋子改_____。

3. 用所给的词语造"把"字句：Make a "把" sentence using each of the following groups of words and phrases:

(1) 课程表　　挂在

(2) 座位　　　摆在

(3) 粉笔　　　交给

(4) 粮食　　　扛进去

(5) 文章　　　翻译成

(6) 讲桌　　　搬出去

(7) 帽子　　　寄给

4. 请你用上以下词语，组成"把"字句，替老师把考试的要求写出来。

(1) 书　　　放　　　桌子里

(2) 纸　　　笔　　　拿

(3) 名字　　　写

(4) 几月几日　　　写

(5) 问题　　看　　清楚

(6) 回答　　写　　问题后边

(7) 字　　写　　清楚

(8) 卷子 (juànzi, examination paper)　　　交

5. 星期六晚上，阿里请中国同学到他宿舍去玩儿。他们要一起谈话、唱歌、听音乐……。阿里的宿舍里有床、桌子、椅子、书架、地图、中国画、照片、花儿、收音机、录音机、汽水、画报……。请你帮助阿里布置一下宿舍。你准备把这些东西放在什么地方？

6. 阅读短文后回答问题：Read the following passage and answer the questions given after it:

105

谢力到朋友家去作客 (zuò kè, to be a guest)。他想穿一件最漂亮的衣服。他最喜欢那件蓝大衣。他朋友七点半在家里等他,现在已经六点多了。谢力很着急,他想快一点儿把大衣找出来。

谢力把衣柜打开,把里边的衣服都拿出来,放在床上。他一件一件地看,没有那件蓝大衣,又把衣服放进衣柜里。

蓝大衣在哪儿呢?可能在箱子里。谢力把箱子从衣柜上边拿下来,把箱子打开,一件一件找了一遍,还是没有找到。谢力关上箱子,把箱子放到床下边去了。

为什么衣柜里、箱子里都没有呢?啊,谢力忽然想起来 (to recall) 了:上星期他把那件大衣送到洗衣店去了。谢力立刻跑下楼,到洗衣店去了。

到了那儿,洗衣店已经关门了。谢力从

窗户里看见洗衣店的同志还没有走,就大声喊:"同志,劳驾,请开一下门……"

谢力把大衣从洗衣店拿回来的时候,已经六点四十分了。

*   *   *

(1) 谢力要找哪一件衣服?他要去作什么?

(2) 谢力找衣服的时候为什么很着急?

(3) 谢力在哪儿找到了他的大衣?

(4) 找大衣以前,谢力的箱子放在哪儿?找完以后,谢力把箱子放在什么地方了?

(5) 谢力的房间在楼上还是在楼下?

第五十课 复习（10）

一、句型语法 Sentence Patterns and Grammar

关于"把"字句的注意事项　　Points to be borne in mind concerning "把" sentences

A．"把"字句的基本意义是表示处置。它的谓语动词（或动补结构）一般是有处置意义的；没有处置意义的动词（或动补结构）一般不出现在"把"字句中。所以，不能说："他们把里边进去了"，只能说："他们进里边去了"。不能说："他把我们的意见同意了"，只能说："他同意了我们的意见"。

The primary purpose of a "把" sentence is to show disposal. Its predicative verb (or verb-complement construction) usually implies disposal. Verbs (or verb-complement constructions) which have no sense of disposal can never occur in a "把" sentence. That is why we can neither say "他们进里边去了" as "他们把里边进去了", nor can we say "他同意了我们的意见" as "他把我们的意见同意了".

B．"把"字的作用是指出它的宾语是受处置的人或事物。这个宾语一般是特指的或已知的，而不是任何一个。所以不能说："他要把一本书借"，只能说：

The function of the preposition "把" is to point out that its object is the person or thing to be disposed of and is, as a rule, definite or already mentioned, not indefinite. That is why we cannot say "他要把一本书借" but only:

(1) 他要借一本书。（任何一本）

(2) 他要把那本书借回来。（已知的一本）

C. "把"字句的作用不只要说明动作对某事物或人进行处置，而且还要说明处置的结果或处置的方式。因此，主要动词一般都带有补语、动态助词"了"、宾语或状语等。例如：

The function of a "把" sentence is to tell not only the disposal of something or someone, but also the result or manner of the disposal. Therefore, there is usually a complement, the aspect particle "了", an object or an adverbial adjunct etc. after the main verb, e.g.

(1) 外边很冷，你把毛衣穿上吧。

(2) 他把汉字写完了，把生词也翻译了。

(3) 你把那件事告诉他了吗？

(4) 别把书乱 (luàn, disorder) 放。

要注意的是，"把"字句动词后不能带可能补语。因为可能补语表示的只是一种可能，并不是动作的结果。另外，动词后也不能带表示过去经验的动态助词"过"。

What should be noted is that the verb of a "把" sentence can never take after it a potential complement since a potential complement indicates possibility only, not the actual result. The verb of a "把" sentence cannot take after it the aspect particle "过" denoting a past experience either.

D. 一部分"把"字句虽然有时可以改成一般的动词谓语句，但两种句子在意义上重点是不一样的。例如：

Although part of "把" sentences can sometimes be written as ordinary sentences without "把", these two kinds of sentences differ greatly from each other in emphasis, e.g.

(1) 你把那本书给他了吗？

——我把那本书给他了。

(询问或说明对那本书的处置情况)

(2) 你给他那本书了吗？

——我给他那本书了。

(询问或叙述"给书"这件事做了没有)

二、词　汇

学过的可以用于"把"字句的动词：

扛	抱	扫	摆	搬	关	擦	拿	请
掉	扔	演	戴	找	交	买	踢	问
照	放	开	挂	停	追	治	叫	寄
带	提	看	送	骑	找	教	给	讲
留	念	听	借	还	打	试	换	接
谈	了解	照顾	建设	掌握	翻译			

分析　告诉　预习　复习　回答　进行
比较　广播　集合　检查　介绍　练习
讨论　展览　准备　布置

三、课文

借　锅

新疆维吾尔族，人们都知道阿凡提的故事。

有一次，阿凡提借了地主一口锅。阿凡提把锅还给地主的时候，里边又放了一口小锅。

"阿凡提，怎么多了一口小锅？"

"您的锅到了我家，又生了一口小锅，

111

所以我把这口小锅也给您送来了。"

地主知道锅不会生儿子，但是为了多要一口锅，立刻高兴地说："好，好，要是以后你用锅，再到我这儿来借。"说着，把两口锅都留下了。

过了几天，阿凡提又来借锅。他说，家里来了很多朋友，要借地主那口最大的锅。地主想再多得一口锅，就立刻把那口大锅借给了阿凡提。

过了一个星期，又过了一个星期，阿凡提没来还锅。地主正要去找他，阿凡提来了。他手里什

么① 也没拿，很不高兴地对地主说："非常
对不起，我把您的锅带回去以后，它就得了
病，过了两天就死了。"

"什么?"地主大声喊，"锅是铁的，怎
么会死呢?"

"锅能生儿子，为什么不会死呢?"

注

① 疑问代词也可以用在陈述句中，代替任何人或事物等，
强调没有例外，后边常有"都"或"也"和它呼应。例如："谁都想
参观那个展览会。""我们什么困难也能克服。"

An interrogative pronoun can also be used in a declara-
tive sentence to stand for any person or thing, stressing that
there is no exception. There is very often "都" or "也" to
go with it, e.g. "谁都想参观那个展览会"，"我们什么困难也
能克服".

四、生　词

1. 锅　　　（名）guō　　　cooking-pot

2. 地主　　（名）dìzhǔ　　landlord

3. 生　　　（动）shēng　　to bo born, to give birth to

4. 所以　　（连）suǒyǐ　　so, therefore

5. 要是　　（连）yàoshi　　if

6. 留　　（动）liú　　　　to accept, to take, to leave

7. 对不起　　duì bu qǐ　　I'm sorry, sorry, excuse me,
　　　　　　　　　　　　pardon me

8. 死　　（动）sǐ　　　　to die

9. 铁　　（名）tiě　　　　iron

专　名

1. 新疆　　　Xīnjiāng　　Xinjiang (Province)

2. 维吾尔族　Wéiwú'ěrzú　Weiwur nationality (the
　　　　　　　　　　　　Uighur)

3. 阿凡提　　Āfántí　　　*name of a person*

补 充 生 词

1. 主人　（名）zhǔrén　　　host, master

2. 口袋　（名）kǒudài　　　bag, sack

3. 杯子　（名）bēizi　　　　cup

4. 筷子　（名）kuàizi　　　chopsticks

5. 茶壶　（名）cháhú　　　teapot, kettle

6. 渴　　（形）kě　　　　　thirsty

五、练　习

1. 改正以下错句，并说明为什么是错的：　Correct each of the
　following erroneous sentences and explain the reason for

114

what you have done:

(1) 到中国来已经三个月了，他很把他爸爸、妈妈想。

(2) 谢力把踢足球最喜欢。

(3) 我不把这件事知道。

(4) 每天上午八点，我们把教室进去上课。

(5) 很多同学没把中国来以前，都不会中文。

(6) 我把一个问题回答对了。

(7) 请你把一些书从他那儿带回来。

(8) 今天下午我们把那篇报告讨论。

(9) 我把一个电影看了三遍。

(10) 我们把一些粮食搬到屋里去吧。

(11) 快把身上的雪扫，到屋里坐吧。

(12) 现在开始听录音，请大家把耳机戴。

(13) 我们一起把这个句子分析。

(14) 我把这个故事看不懂。

(15) 以前我没有把这个故事听过。

(16) 她把作业没作完。

(17) 请你送这袋粮食到谢大娘家。

(18) 我要翻译这些句子成英文。

(19) 我想挂这张照片在那张画儿旁边。

2. 用"把"完成句子：Complete the following sentences using "把"：

(1) 古时候，有个人坐船过河，船走到河中间，_____。

(2) 解放军战士谢刚，看见李兰英拿的东西很多，走路很困难，就_____
_____。

(3) 布置会场的时候，大家都同意_____
_____。

(4) 今天很冷，你快_____穿上吧。

(5) 阿里_____以后，他每天都能听广播了。

116

(6) 谢力要进城买东西，他没有自行车，

   丁力_____。

(7) 听完录音以后，老师说："_____。"

3. 把下列句子改成否定式： Change the following to negative sentences:

   (1) 他唱歌儿唱得很好。

   (2) 那个戴红帽子的运动员骑车骑得快。

   (3) 他擦黑板擦得很干净。

   (4) 他擦得干净这块黑板。

   (5) 他听得懂东北话。

   (6) 他说中国话说得很好。

   (7) 他说得好中国话。

   (8) 他猜得着这个谜语。

   (9) 他猜谜语猜得很快。

4. 写出下列词的反义词： Give the antonym for each of the following words:

   例

   长——短   关——开

坏—　　　　冷—　　　　上—

对—　　　　远—　　　　进—

来—　　　　里—　　　　前—

借—　　　　多—　　　　快—

早—　　　　新—　　　　难—

好看—　　对不起—　　有意思—

5.阅读短文并复述：Read and retell the passage:

(1) 一天，阿凡提正在路上走，几个人过去把他叫住了。

"阿凡提，你懂的东西特别多，你说，我们应该把什么事情记住,应该把什么事情忘掉 (wàng diào, to forget)？"

阿凡提想了想，回答说：

"要是别人为你作了一件好事，你应该把它记住；要是你为别人作了一件好事，应该立刻把它忘掉。"

(2) 一个朋友，请阿凡提到家里吃饭。客

118

人们都来了，桌子上摆了很多好吃的东西。

坐在阿凡提旁边的一个客人，一边吃，一边在别人不注意的时候，把好吃的东西放进衣服口袋 (kǒudài, pocket) 里。阿凡提看见了，一句话也没说，把茶壶 (cháhú, teapot) 拿起来，对着那个人的口袋就倒 (dào, to pour)。

"阿凡提,你怎么了？你想作什么?"

"你的口袋吃了那么多的好东西，我怕它渴 (kě, to thirst) 了，想让它喝点儿茶。"

6. 选词填空： Fill in each blank with an appropriate word or phrase from the list given below:

请　您早　您好　谢谢　别客气

不谢　对不起　劳驾　没关系

再见　请原谅

(1) 早上见到别人的时候说＿＿＿，别的时候见到人说＿＿＿，要离开别人的时候说＿＿＿。

119

(2) 你想得到别人的帮助要说＿＿＿＿＿或
者＿＿＿＿＿，要是别人给了你帮助以后
应该说＿＿＿＿＿；要是别人说＿＿＿＿＿的
时候，你回答＿＿＿＿＿或者＿＿＿＿＿。

(3) 在你碰 (pèng, to touch, to run into) 了别人
的时候应该说＿＿＿＿＿或者＿＿＿＿＿；要是
别人说＿＿＿＿＿或者＿＿＿＿＿的时候，你应
该回答＿＿＿＿＿。

第 五 十 一 课

这座楼比那座楼高。
妹妹比弟弟小三岁。
阿里唱歌唱得比谢力好。

一，替换练习

1. 这座楼比那座楼高。

村子〔个〕，	大
路〔条〕，	宽
工人〔个〕，	年轻
衣服〔件〕，	好看

2. 弟弟比妹妹大两岁。

小，	三 岁
高，	一点儿
高，	得 多
健康，	得 多

3. 今年的<u>小麦</u>产量比去年增加了<u>七千斤</u>。

粮食，	八千斤
水果，	五千斤
汽车，	五百辆
机器，	三百台

4. 阿里<u>唱歌</u>唱得比谢力<u>好</u>。

作作业，	认真
看书，	多
翻译句子，	快
写汉字，	好

5. 社员的生活一天比一天好。

现在的天气,	冷
三月的天气,	暖和
学过的生词,	多
练习里的错字,	少

二、课 文

放 假 回 农 村

前年冬天,张文回过一次家,到现在已经一年半了。

考完试,学校开始放暑假了。张文决定回家去看看。

张文的家在农村。他父亲和母亲都是社员。他有个弟弟,比他小两岁,中学毕业以后,在村(子)里参加劳动。妹妹比弟弟小三岁,中学还没毕业。

　　进了村（子），他发现很多地方都有了很大的变化。村东新盖了一个工厂,门口写着"农业机器修理厂"。里边的工人正在忙着劳动。村子中间的路，比以前宽了。路两边比以前多了一些新房子。村里的小学，学生也比以前多了。他经过学校大门的时候，孩子们正在上课。

到了家门口，弟弟正从里边出来。看见哥哥回来了，弟弟非常高兴，立刻让哥哥到屋里休息。

张文觉得弟弟比前年又高了一些，身体也比以前更健康了。张文问弟弟家里的情况，弟弟告诉他，爸爸、妈妈身体都很好，都去地里劳动了。妹妹的学校还没有放假。弟弟说，刚才他也在地里劳动，现在是回家来拿东西的。

听弟弟说大家都在劳动，张文也跟弟弟一起去了。

在路上，弟弟告诉张文，今年小麦长得比去年好，每亩产量比去年增加了五十斤。社里的农业机器也比以前增加了很多。社员们的生活一天比一天好。

他们说着话，已经来到了劳动的地方。

三、生 词

1. 比　　　　（介、动）bǐ　　　a preposition showing comparison, than

2. 村子　　　（名）cūnzi　　　village

3. 条　　　　（量）tiáo　　　a measure word

4. 宽　　　　（形）kuān　　　wide, broad

5. 年轻　　　（形）niánqīng　　young

6. 岁　　　　（量）suì　　　a measure word, year, age

7. 健康　　　（形、名）jiànkāng　　healthy, health

8. 小麦　　　（名）xiǎomài　　wheat

9. 产量　　　（名）chǎnliàng　　volume of production, output

10. 增加　　　（动）zēngjiā　　to increase, to raise

11. 千　　　　（数）qiān　　　thousand

12. 机器　　　（名）jīqì　　　machine

13. 台　　　　（量）tái　　　a measure word

14. 农村　　　（名）nóngcūn　　countryside

15. 考试　　　　kǎo shì　　to sit for examination, examination

126

16.	暑假	(名)	shǔjià	summer vacation
17.	决定	(动)	juédìng	to determine, to decide
18.	父亲	(名)	fùqin	father
19.	中学	(名)	zhōngxué	middle school
20.	发现	(动)	fāxiàn	to find, to discover
21.	盖	(动)	gài	to build
22.	修理	(动)	xiūlǐ	to repair, to mend
23.	房子	(名)	fángzi	house
24.	小学	(名)	xiǎoxué	primary school
25.	经过	(动)	jīngguò	to pass through (by)
26.	大门	(名)	dàmén	gate
27.	地	(名)	dì	land, field
28.	长	(动)	zhǎng	to grow
29.	亩	(量)	mǔ	*a Chinese measure for land, equal to 1/15 hectare*

补 充 生 词

1.	寒假	(名)	hánjià	winter vacation

2. "三八"国际劳动妇女节

"Sān-Bā" Guójì   International Working

Láodòng Fùnǚ Jié Women's Day (March 8)

3. "五一"国际劳动节

"Wǔ-Yī" Guójì   International Labour

Láodòng Jié   Day, May Day (May 1)

4. 春节   Chūn Jié   the Spring Festival

四、语　法

1. 用"比"表示比较 Comparison expressed by the preposition "比"

用介词"比"表示比较时，一般格式是：

Comparison can be expressed by the preposition "比" and the general form of the sentence is:

A——"比"——B——差别　　例如：

A——"比"——B——the difference in comparison e.g.

(1) 他二十岁，我十九岁，他比我大，我比他小。

(2) 这个中学的学生比那个中学（的学生）多。

这种句子，在形容词前还可以用上表示比较程度的副词"更"、"还"等。例如：

In sentences of this kind, the adverb "更" or "还" which expresses the degree of comparison can be used in front of the predicative adjective, e.g.

(3) 他比我更大。(我已经很大了)

(4) 这个中学的学生比那个中学（的学生）还多。(那个中学的学生已经很多了)

形容词前一定不能用"很"、"非常"、"太"等程度副词。不能说"你比我很大"，"这个中学的学生比那个中学非常多"等。

The adverb of degree "很", "非常" or "太", however, can never be used in front of the predicative adjective. It is wrong to say "你比我很大", "这个中学的学生比那个中学非常多".

除了上述的形容词谓语句外，一般的动词谓语句也可以用"比"表示比较。例如：

In addition to the above-mentioned sentences with adjectives as their predicates, there are some sentences with verbs as their predicates in which "比" is used to express comparison, e.g.

(5) 张老师比我更了解这个班的情况。

(6) 今年的粮食产量比去年增加了很多。

如果动词带程度补语，"比…"放在动词前或补语主要成分前；如果动词又带宾语，"比…"用在重复的动词前或补语主要成分前。例如：

If the verb takes a complement of degree, "比…" is placed either before the verb or before the main element of the complement; if the verb takes both a complement of degree and an object, "比…" is placed either before the repeated verb or before the main element of the complement, e.g.

（7）谢力比我来得早。

（8）阿里翻译得比我快。

（9）他修理收音机比我修理得好。

（10）她写汉字写得比我整齐。

2. 数量补语　The complement of quantity

在用"比"的比较句中，如果要进一步指出两件事物具体的差别时，就可以用上数量补语。例如：

In a sentence of comparison with "比", if we want to point out what the exact difference between two things is, we can use a complement of quantity, e.g.

（1）他比我大三岁。

（2）他们班的学生比我们班多五个。

如果要表示大略的差别程度，可以用"一点儿"、"一些"说明差别不大，用程度补语"多"说明差别很大。例如：

If we want to express a rough difference, we use "一点儿" or "一些" to indicate that the difference is very little. If we use the complement of degree "多", we mean that the difference is very great, e.g.

（3）他比我大一点儿（一些）。

130

(4) 这座山比那座山高得多。

如果谓语动词带程度补语，"一点儿"、"一些"和"多"等要放在程度补语之后。例如：

If the predicative verb takes a complement of degree, "一点儿", "一些" or "多" should be placed after the complement, e.g.

(5) 她比我唱得好一点儿。

(6) 丁力比我睡得晚得多。

3. "一天比一天"作状语   "一天比一天" as an adverbial adjunct

"一天比一天"、"一年比一年"等可以作状语，说明随着时间的推移，事物变化程度的递增。例如：

"一天比一天" or "一年比一年" can serve as an adverbial adjunct, indicating the continuous change of things with the passage of time, e.g.

(1) 这个公社的粮食产量一年比一年高。

(2) 他的身体一天比一天好了。

语法术语

数量补语 shùliàng bǔyǔ complement of quantity

五、练 习

1. 根据所给的内容提问：Ask questions after the example, based on the information given:

例

这座楼四层，那座楼三层。

这座楼比那座楼高吗？

这座楼比那座楼高多少？

(1) 这座山高六千米，那座山高五千米。

(2) 弟弟十八岁，妹妹十二岁。

(3) 我们班有八个学生，他们班有十个学生。

(4) 这个公社今年小麦每亩产量九百斤，去年每亩产量八百斤。

(5) 这间房子宽四米，那间房子宽五米。

(6) 我们学了七百个生词，他们学了一千个生词。

(7) "盖"字十一笔，"麦"字六笔。

(8) 这个礼堂有一千个座位，那个礼堂只有五百个座位。

132

(9) 这篇文章有两千字，那篇文章有五百字。

(10) 这块黑板长三米、宽一米，那块黑板长两米、宽一米。

2. 回答问题：Answer the following questions:

(1) 小王、小张、小李三个人是好朋友。小王最大，二十二岁。小李最年轻，十八岁。小张比小王小两岁，比小李大两岁。小张多大？

(2) 这个公社今年小麦亩产七百斤，比去年增加了五十斤。去年亩产多少斤？

(3) 这个村子有两个中学：第一中学和第二中学。第一中学比第二中学大。第一中学有九百个学生，第二中学有七百个学生。第二中学比第一中学少多少学生？

(4) 今天二十二度，昨天十八度，今天天气比昨天暖和得多。今天比昨天高多少度？

(5) 第一中学今年有九百个学生，去年有八百二十个学生。今年比去年增加了多少学生？

(6) 阿里一分钟能写二十个汉字，谢力一分钟能写十五个汉字。阿里比谢力写得快。阿里每分钟比谢力多写几个汉字？

(7) 我一个小时作完作业，谢力一个半小时作完作业。谢力比我作得慢。他用的时间比我多多少？

3. 阅读短文并回答问题：Read the following passage and answer the questions given after it:

王军家有五口人：父亲、母亲、哥哥、妹妹和他。王军的父亲六十岁，是个老师。母亲比父亲年轻一点儿，父亲比母亲大四岁。

父亲在第一中学工作，从家里出来走十分钟就能到。母亲在友谊医院工作，坐车要坐十分钟。

哥哥是大学生，他是前年中学毕业的。他比王军大三岁，在北京大学学历史。王军十七岁，是中学生，明年毕业。王军想毕业以后考外语学院学法语。他妹妹比他小五岁，在小学学习，明年才上中学。

* * *

(1) 王军的母亲多大年纪？

(2) 王军的父亲在哪儿工作？母亲在哪儿工作？谁离家近？

(3) 王军的哥哥多大？在大学学了几年了？

(4) 他妹妹多大？什么时候上中学？

第 五 十 二 课

这两件衣服颜色一样。
我跟他不一样高。

1. 这两匹马颜色一样。

粉笔〔支〕	画儿〔张〕
自行车〔辆〕	提包〔个〕

2. 我的录音机跟他的一样。

收音机	自行车
意见	学习方法
办法	

136

3. 我跟他一样高。

(我跟他不一样高。)

这座山，	那座山，	高
我们学校的学生，	他们学校，	多
这条路，	那条路，	宽
从这儿进城，	从那儿，	近

4. 我要买一支跟那支一样的钢笔。

作一件，	衬衣
换一个，	耳机
借一本，	小说
买一个，	收音机

5. 弟弟有我这么高。

那个孩子，	桌子
那个衣柜，	门
主席台，	这座房子
那些树，	二层楼

6. 这个村子没有那个村子那么大。

这条路,	那条路,	宽
我的箱子,	你的箱子,	重
这匹马,	那匹马,	好
这篇文章,	那篇文章,	难
我的自行车,	他的自行车,	新

二、课 文

田 忌 赛 马

两千多年以前，齐国有个人叫田忌。他很喜欢跟别人赛马。一天，齐王对他说："田忌，听人说你最近又①买了几匹好马。上次我们赛马，你输了，今天我们再②赛一次，好不好?"

田忌知道自己的马没有齐王的马好，但是没有办法，只好跟齐王再赛一次。

齐王和田忌的马，都分三个等级：上等

138

马、中等马、下等马。比赛一共进行三场，每一场用三个等级的马赛三次。谁输谁赢，按照三场比赛的最后结果决定。

比赛开始了。第一场，田忌用同等级的马跟齐王的赛。同等级的马，田忌的都没有齐王的好，结果三次都输了。齐王赢了第一场，非常高兴，立刻命令进行第二场比赛。

田忌输了第一场，心里很不高兴。他想：今天的比赛又要输了。这时候，田忌的一个朋友走过来，低声对他说："别着急，我想出了一个办法。……"

第二场比赛开始了。田忌先用下等马跟齐王的上等马赛，结果田忌输了。大家都想，这场比赛田忌还要输。但是第二次比赛，当齐王用中等马的时候，田忌却用了上等马。田忌的上等马，比齐王的中等马跑得快，这次田忌赢了。第三次，田忌用中等马跟齐王的下等马赛，结果跟第二次一样，又赢了。这样，第二场比赛齐王输了。第三场跟第二场一样，田忌用这样的办法，又赢了齐王。

最后的比赛结果，田忌二比一赢了齐王。

田忌用的方法，虽然简单，但是里边却有一定的数学道理。到现在，人们在生产和其他方面，还在用这样的方法。

注

①副词"又"表示动作或情况已经重复或必然 重 复。例 如：
"我昨天接到了一封信，今天又接到了一封信。""我们每星期三考
试，明天又是星期三了，又要考试了。"

The adverb "又" indicates that an action or a state of
affairs has already been or is bound to be repeated though
it has not been repeated, e.g. "我昨天接到了一封信，今天又
接到了一封信"，"我们每星期三考试，明天又是星期三了，又要
考试了".

②副词"再"表示重复尚未实现。例如："这个句子你没念清
楚，请你再念一遍。""他只来过一次，以后没有再来。"

The adverb "再" indicates that an action or a state of
affairs has not been repeated yet, e.g. "这个句子你没念清楚，
请你再念一遍"，"他只来过一次，以后没有再来".

三、生 词

1.	匹	(量) pǐ	*a measure word*
2.	马	(名) mǎ	horse
3.	一样	(形) yīyàng	same
4.	办法	(名) bànfǎ	method, way
5.	这么	(代) zhème	such, so
6.	那么	(代、连) nàme	such
7.	赛马	sài mǎ	horse race
8.	输	(动) shū	to lose
9.	只好	(副) zhǐhǎo	can not but, can only,

to have to

10. 分　　　（动）fēn　　　to divide

11. 等级　　（名）děngjí　　grade

12. 上等　　（名）shàngděng　superior grade, first

class

13. 中等　　（名）zhōngděng　medium grade

14. 下等　　（名）xiàděng　　inferior grade

15. 场　　　（量）chǎng　　a measure word

16. 赢　　　（动）yíng　　　to win

17. 按照　　（介）ànzhào　　according to

18. 结果　　（名、副）jiéguǒ　result, consequence, as a

result, in the end, fi-

nally

19. 同　　　（形）tóng　　　same

20. 命令　　（动、名）mìnglìng to order, to issue an

order, order

21. 心　　　（名）xīn　　　heart

22. 低声　　（形）dīshēng　in a low voice

23. 着急　　　zháo jí　　to be anxious (worried)

about

24. 却　　　（副）què　　　but, however

25.	这样	(代)	zhèyàng	such, thus, in this way
26.	虽然	(连)	suīrán	although, though
27.	简单	(形)	jiǎndān	simple
28.	一定	(形)	yídìng	certain, definite
29.	数学	(名)	shùxué	mathematics
30.	道理	(名)	dàolǐ	reason
31.	生产	(动)	shēngchǎn	to produce
32.	其他	(代)	qítā	other
33.	方面	(名)	fāngmiàn	aspect, respect

专 名

1.	田忌	Tián Jì	*name of a person*
2.	齐国	Qíguó	the Qi state
3.	齐王	Qí Wáng	Lord of the Qi state

补 充 生 词

1.	牛	(名)	niú	ox, cow
2.	羊	(名)	yáng	sheep
3.	狗	(名)	gǒu	dog
4.	猫	(名)	māo	cat

143

5. 物理学 (名) wùlǐxué   physics

6. 化学   (名) huàxué   chemistry

四、语　法

1.“跟…一样”格式　　The construction “跟…一样”

“一样”是形容词，可以作谓语。例如：

“一样” is an adjective and can serve as the predicate of a sentence, e.g.

(1) 这两支钢笔的颜色一样。

(2) 他们两个人的意见一样。

“一样”前面也可以用介词结构“跟…”作状语。例如：

“一样” can be preceded by the prepositional construction “跟…” as an adverbial adjunct, e.g.

(3) 这支钢笔的颜色跟那支钢笔的颜色一样。

(4) 他的意见跟她的意见一样。

如果表示比较的两个名词都带定语，其中一个的中心语可以省略，有时“的”也可以省略。例如：

If the nouns that represent the two sides in comparison are preceded by an attributive, either of them can be omitted. Sometimes “的” can be omitted as well, e.g.

(5) 这支钢笔（的颜色）跟那支钢笔的颜

色一样。

(6) 他的意见跟她的（意见）一样。

"跟…一样"常常用在一起，已经成了一个固定的格式。它可以作状语，也可以作定语。例如：

"跟…一样" has now become a set construction, and serves either as an adverbial adjunct or as an attributive, e.g.

(7) 他写的汉字跟丁力写的一样好看。

(8) 我要借一本跟他那本一样的词典。

2. "跟…一样"的否定形式 The negative form of the construction "跟…一样"

"跟…一样"用"不"来否定，"不"有两个位置。例如：

"跟…一样" takes "不" in its negative form. "不" may be put in either of the following two positions:

(1) 这个句子跟那个句子的意思不一样。

(2) 我的意见不跟他的一样。

"不"放在"一样"之前的情况是更常见的。

It is more usual, however, to put "不" before "一样".

3. 用"有"或"没有"表示比较 Comparison expressed by "有" or "没有"

动词"有"还可以表示估量或比较，有达到某种程度的意思。否定式是"没（有）"，有不到某种程度或不如的意思。例如：

The verb "有" can also express one's estimate of a thing or comparison of two things, meaning "to come up to a certain degree or extent". Its negative form is "没(有)", meaning "not come up to a certain degree or extent" or "not so good as", e.g.

(1) 这个学校的外国留学生有五、六百人了。

(2) 他学中文有一年了。

(3) 这个学校的外国留学生没有五、六百人，只有四百多。

(4) 他学中文没有一年，只有半年。

用"有"表示比较时，一般格式是：

The general form of the sentence of comparison expressed by "有" is as follows:

A——"有"——B——（"这么"或"那么"）——比较的方面

A——"有"——B——（"这么" or "那么"）——aspect being compared

这种格式表示 A 在比较的方面达到了跟 B 一样的程度，这种方式的比较，否定式或疑问式更为常见。例如：

This formula indicates that A has come up to the degree or extent of B in the aspect being compared, and applies more to negative and interrogative sentences, e.g.

(5) 这个教室有那个教室那么大吗？

——这个教室没有那个教室那么大。

146

(6) 这件衣服没有那件衣服新。

(7) 妹妹有姐姐这么高了。

除形容词外，能够衡量程度的动词或能愿动词也都可以用"有…"表示比较。例如：

As well as adjectives, optative verbs or verbs that can measure the degree or extent of a thing can also take "有…" to express comparison, e.g.

(8) 她没有我这么喜欢听音乐。

(9) 你有他那么会讲故事吗？

如果动词带程度补语，"有…"的位置和"比…"的位置一样。例如：

If the verb takes a complement of degree, the position of "有…" is the same as that of "比…", e.g.

(10) 昨天我们两个班都考试了，我们班没有他们班考得好。

(11) 我起得没有他早。

(12) 他走路有你走得这么快。

(13) 阿里写汉字写得没有他那么好。

五、练 习

1. 用"跟…一样"改句子: Rewrite the following sentences

using "跟…一样"：

例

阿里参加三千米赛跑，谢力也参加三千米赛跑。

阿里参加的项目跟谢力的一样。

(1) 我的意见是下星期开座谈会，他同意我的意见。

(2) 我参加的项目是体操，我妹妹参加的项目也是体操。

(3) 以后我学数学，他也学数学。

(4) 她用这个方法学习，小张也用这个方法学习。

(5) 我买了一件黑大衣，他也买了一件黑大衣。

(6) 她一小时能走四公里，我一小时也能走四公里。

(7) 第一生产队小麦亩产 800 斤，第二生

148

产队小麦亩产也是 800 斤。

(8) 我是 1960 年生的，他也是 1960 年生的。

2. 用"跟…不一样"改句子：Rewrite the following sentences using "跟…不一样"：

例

我的箱子大，他的箱子小。

我的箱子跟他的箱子不一样。

(1) 这个提包是黑色的，那个提包是蓝色的。

(2) 阿里学数学，谢力学外语。

(3) 她的意见是这个星期日去公园，小王的意见是明天去。

(4) 今天的作业是作句子，昨天的作业是写一篇文章。

(5) 一二一班表演的节目是歌舞，一二六班表演的节目是小话剧。

3. 根据所给的内容，两个同学仿照下边的例子对话：
Make up a dialogue between two students as in the following example, using the information given:

例

买提包

丁：小王,你去哪儿?

王：我去商店,我想买一个提包。

丁：我也想买一个提包。要是方便,你给我带一个回来,好吗?

王：可以。你要什么样的?

丁：你看见过小张的提包吗?

王：看见过,他的那个黑色的吧!

丁：对,我要买一个跟他的一样的提包。但是,他的是黑的,我想买一个蓝的。

王：好,我知道了,你想买一个蓝色的提包,对吗?

丁：对, 谢谢。

150

(1) 买衣服

(2) 买箱子

4. 用表示比较的"有"改写下列句子： Rewrite the following sentences using the verb "有" expressing comparison:

(1) 这座山跟那座山一样高。

(2) 这条河跟那条河一样宽。

(3) 这个体育馆能坐两千观众，那个体育馆也能坐两千观众。

(4) 他能跳一米八，阿里也能跳一米八。

(5) 我一分钟能写二十个汉字，他一分钟也能写二十个。

(6) 这间屋子不比那间小。

(7) 这个学校的学生女生比男生少。

(8) 妹妹跟弟弟一样高。

5. 用表示比较的"没有"改写下列句子： Rewrite the following sentences using "没有" expressing comparison:

(1) 解放以后，这个学校女生增加得比男生快。

(2) 今年水果的产量比小麦的产量增加得快。

(3) 这个村子的人比那个村子的人多。

(4) 他一分钟能写二十五个汉字，阿里一分钟能写二十个。

(5) 阿里唱歌唱得好，谢力唱歌唱得更好。

(6) 这个地方比那个地方大。

6. 阅读短文并复述：Read and retell the following passage:

两 个 提 包

放假了，丁力和同学们一起坐汽车回家。在汽车上，大家又说又笑，跟过年一样高兴。

下一站丁力应该下车了。到了车站，同

152

学们帮他把东西拿下了车。

丁力的家离车站很近。他回到家，刚放下东西，忽然发现拿回来的提包跟他的不太一样。这个提包也是黑的，上边也有"北京"两个字，但是比较新，没有他那个那么旧。他想，一定是下车的时候拿错了。这个提包是谁的呢？应该想办法找到丢提包的人，马上把提包还给他。

丁力打开提包，想找找有没有名字或者地址(dìzhǐ, address)。结果没有找到名字，也没有找到地址，只有二百块钱。丁力更着急了。他立刻给汽车站打了个电话，请他们帮助找一找丢提包的同志。

丢提包的是一个农村干部。他要拿这些钱去买东西。在汽车上，他和丁力坐在一起，两个人的提包一样大，颜色一样，又都写着一样的字。丁力下车的时候，同学们把提包拿错了。这位干部到了最后一站，才发现他拿的是别人的提包。他正着急，汽车站的同志走过来，这时候丁力也跑来了。大家说了说情况，两个人高兴地换了提包。

第 五 十 三 课

那个国家的面积有五十三万平方公里。
我们学校的女生占三分之一。

一、替换练习

1. 那个国家的面积有多少？

那个国家的面积有五十三万

(530,000)平方公里。

三十七万二千(372,000)

十四万(140,000)

五万六千(56,000)

七千七百(7,700)

2. 那个国家有多少人口？

   那个国家有<u>一千五百万</u>人。

一亿一千万（110,000,000）

两千零八十万（20,800,000）

一百二十四万零三十五（1,240,035）

二百二十七万三千（2,273,000）

---

3. 你们学校的女生占多少？

   女生占<u>三分之一</u>$\left(\frac{1}{3}\right)$。

五分之一 $\left(\frac{1}{5}\right)$

百分之二十（20%）

二分之一 $\left(\frac{1}{2}\right)$

百分之三十一点五（31.5%）

---

4. 今年<u>水果</u>的产量比去年提高了多少？

   今年水果的产量比去年提高了一倍。

```
布          菜
肉          牛奶
面包
```

二、课 文

（一）

学 生 数 目

A: 这个学校有多少学生?

B: 去年有七千五百个学生，今年有八千零五十个，比去年多了五百五十个。

A: 解放以前这儿有几千学生?

B: 没有几千，只有八百。现在学生的数目是解放前的十倍。

A: 现在的学生里，有百分之多少是女生?

B: 百分之三十。女生数目增加得比男生

157

快。1950年男生是女生的六倍，现在女生快到三分之一了。

A: 解放后这个学校一共毕业了多少学生？

B: 两万五千多。

A: 以后这个学校的学生数目还要增加吧？

B: 当然。明年学校的学生人数，要增加到一万。

（二）
中 国

中华人民共和国在亚洲东部，面积九百六十多万平方公里。东西有五千公里长，南北长五千五百公里。中国的海岸线有一万四千多公里，差不多是东西长度的三倍。

长江和黄河是中国最大的两条河。长

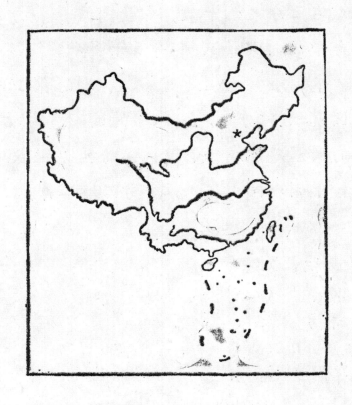

江全长有六千三百多公里，黄河四千八百多公里。

　　中国的首都是北京。中国有九亿多人口，占世界人口的五分之一，是世界上人口最多的国家。中国是一个多民族的国家，汉族占百分之九十四，少数民族占百分之六。中国的少数民族有五十多个。

中国是社会主义国家。和别的第三世界国家一样，中国是发展中的国家。为把自己的国家建设成一个现代化的社会主义强国，中国人民正在积极、努力地工作。

三、生　词

1. 面积　　（名）miànjī　　　area
2. 万　　　（数）wàn　　　　ten thousand
3. 平方　　（名）píngfāng　square
4. 人口　　（名）rénkǒu　　population
5. 亿　　　（数）yì　　　　　a hundred million
6. 占　　　（动）zhàn　　　　to constitute, to make up
7. …分之…　…fēn zhī…　*formula for fraction*
8. 点　　　（名）diǎn　　　　point, dot
9. 提高　　（动）tígāo　　　to raise, to improve
10. 倍　　　（量）bèi　　　　*a measure word*, fold, times
11. 布　　　（名）bù　　　　　cloth
12. 菜　　　（名）cài　　　　　vegetable, dish

13. 肉	（名）	ròu	meat
14. 牛奶	（名）	niúnǎi	milk
15. 面包	（名）	miànbāo	bread
16. 数目	（名）	shùmù	number
17. 当然	（形）	dāngrán	of course
18. （人）数	（名）	(rén)shù	number (of persons)
19. 共和国	（名）	gònghéguó	republic
20. 洲	（名）	zhōu	continent
21. 部	（名）	bù	part, section
22. 海岸线	（名）	hǎi'ànxiàn	coast line
23. 长度	（名）	chángdù	length
24. 江	（名）	jiāng	river
25. 全	（形）	quán	whole
26. 民族	（名）	mínzú	nation, nationality
27. 少数	（名）	shǎoshù	minority
28. 发展	（动）	fāzhǎn	to develop
29. ···中		···zhōng	in, between, among
30. 为	（介）	wèi	for
31. 现代化	（动）	xiàndàihuà	to modernize
32. 强	（形）	qiáng	strong, powerful

专　名

1. 中华人民共和国

   Zhōnghuá Rénmín the People's Republic of
   Gònghéguó　　　China

2. 亚洲　Yà Zhōu　　　Asia

3. 长江　Cháng Jiāng　the Changjiang (Yangtze)
   　　　　　　　　　River

4. 黄河　Huáng Hé　　the Huanghe (Yellow)
   　　　　　　　　　River

5. 汉族　Hànzú　　　the Han nationality

6. 第三世界

   Dìsānshìjiè　　the Third World

补充生词

1. 非洲　Fēi Zhōu　　Africa

2. 欧洲　Ōu Zhōu　　Europe

3. 拉丁美洲

   Lādīng Měi Zhōu　Latin America

4. 北美洲　Běi Měi Zhōu　North America

5. 大洋洲　Dàyáng Zhōu　Oceania

162

四、语 法

1. 称数法（二）Numeration （2）

在第二十课称数法（一）里，已经介绍了汉语一到一百的称数方法。一百以上的称数法见下表：

Numbers from 1 to 100 have already been taught in "Numeration (1)" (See Lesson 20). The method of forming the numbers above 100 is shown in the following diagram:

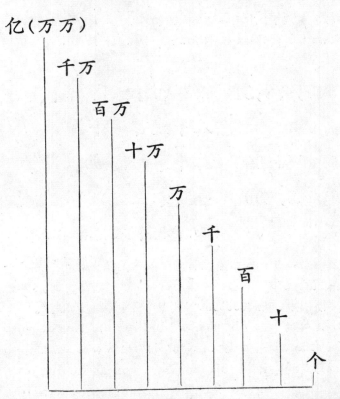

在汉语里，数字达到"万"以上时，以"万"为单位。如100,000

读"十万"，1,000,000 读"一百万"，10,000,000 读"一千万"，100,000,000 读"一万万"或"一亿"。数字达到"万万"以上时，以"亿"为单位。如"十亿"，"一百亿"等。

数字的具体读法举例如下：

In Chinese, "万" is used as the unit for any numbers from "万" up, e.g. "100,000" is read "十万"，"1,000,000" "一百万"，"10,000,000" "一千万", and "100,000,000" "一万万" or "一亿". "亿" is used as the unit for any numbers from "万万" up, e.g. "十亿" and "一百亿" etc.

Here are some examples showing how to form big numbers:

(1) 345,678,912 三亿四千五百六十七万八千九百一十二

(2) 20,045,000 二千零四万五千

(3) 1,036,000 一百零三万六千

(4) 2,780,002 二百七十八万零二

要注意的是，在多位数中间有两个或两个以上的"0"连在一起时，也只读一次"0"，例如(2)(4)。但是直接读数字时，要把每个"0"都读出来。如"2003060"读成"二零零三零六零"。

Note: in case of a big number, if there are two or more "zeroes" in succession, only one "0" is read (See Examples (2) and (4)). But if a big number is read numeral by numeral, all "0" must be included, e.g. "2003060" is read "二零零三零六零".

164

2. 分数和百分数　Fraction and percentage

汉语里用"…分之…"表示分数，把分母放在分子前边。例如：

In Chinese "…分之…" is used to indicate a fraction, with the denominator preceding the numerator, e.g.

(1) $\dfrac{1}{2}$　二分之一

(2) $\dfrac{3}{4}$　四分之三

(3) $\dfrac{2}{15}$　十五分之二

(4) $\dfrac{17}{50}$　五十分之十七

百分数就是分母为一百的分数，读时把"百分之"放在分子的前面。例如：

A percentage is a fraction in which the denominator is one hundred. In reading a percentage, the denominator comes first, then the numerator, e.g.

(5) 这个工厂的男工(男工人)占全厂工人的百分之二十（20%），女工（女工人)占百分之八十(80%)。

(6) 他们学校的女生占全校学生人数（人的数目)的百分之三十(30%)。

3. 倍数　Multiple numbers

数词后加上"倍"，就表示倍数。例如：

A multiple number is formed by adding the word "倍" to a numeral, e.g.

(1) 二的四倍是多少?

——二的四倍是八。

(2) 二十五是五的几倍?

——二十五是五的五倍。

(3) 这儿解放前小麦每亩产量只有四十斤，现在每亩产量差不多四百四十斤，现在比解放前增加了十倍。现在的亩产量是解放前的十一倍。

五、练 习

1. 用汉语读出下列各数：Read each of the following numbers:

(1) 465,789,312   30,056,000

    763,822,495   20,078,000

    2,036,000   5,790,003

    4,057,000   6,087,000

(2)

$\dfrac{1}{5}$	$\dfrac{1}{2}$	$\dfrac{1}{4}$
$\dfrac{3}{4}$	$\dfrac{5}{6}$	$\dfrac{7}{8}$
$\dfrac{2}{15}$	$\dfrac{3}{17}$	$\dfrac{19}{22}$
$\dfrac{18}{50}$	$\dfrac{7}{40}$	$\dfrac{26}{30}$
$\dfrac{3}{100}$	$\dfrac{1}{100}$	$\dfrac{10}{100}$
$\dfrac{17}{1000}$	$\dfrac{21}{10000}$	$\dfrac{43}{10000}$

2. 填空：Fill in the blanks:

(1) 五万是五千的_____倍。

(2) 三百的八十倍是_____。

(3) 两万五千是二百的_____倍。

(4) 九百的三十倍是_____。

(5) 六十万是六亿的_____。

(6) 四千八百万的二分之一是_____。

(7) 七千的三点五倍是_____。

167

(8) 八百四十四万的四分之一是＿＿＿＿。

3. 用概数"多"回答问题: Answer the following questions using the approximate number "多":

(1) 中国的面积有多大？南北长多少公里？

(2) 中国的海岸线有多长？

(3) 中国的长江全长有多少公里？黄河有多长？

(4) 中国的人口有多少？

(5) 中国有多少少数民族？

4. 回答问题: Answer the following questions:

(1) 这个地方解放以前小麦亩产八十斤，现在亩产八百八十斤，比解放前增加了几倍？是解放前的几倍？

(2) 这个大学学生的数目比解放前增加了九倍，解放前这个大学只有四百个学生，现在有多少个学生？

(3) 这个工厂的工人比解放前增加了五

倍，现在有一万二千个工人，解放前有多少工人？

(4) 这个工厂有两千工人，女工占百分之十五，女工人数是多少？

(5) 这个商店每天大概卖一万米布，一个月卖多少？

(6) 这个生产队每天牛奶的产量是一千五百斤，十天是多少斤？

(7) 这个食堂一天买了一千斤菜，五百斤肉，十天要买多少菜？多少肉？

(8) 这个城市现在是一百二十万人口，解放前是它的四分之一，解放前是多少？

5. 阅读下面的信并复述：Read and retell the following letter:

一　封　信

夏西：

你好，看了你的来信以后，我非常高兴。

明年你也要来北京学习，你想了解一些中国的情况，我在信里简单地介绍一下。中国是社会主义国家，在亚洲东部，面积有九百六十多万平方公里，人口有九亿多。中国有很多河，最大的是黄河和长江。长江比黄河长，有六千三百多公里。中国是一个多民族国家，有五十多个民族，少数民族占全国人口的百分之六。解放以后，中国发展得很快，现在中国人民正在积极努力地工作，要把自己的国家建设成现代化强国。夏西，今天时间不早了，我先介绍这些。

　　祝你
健康！

　　　　　　　　　　　　你的朋友
　　　　　　　　　　　　阿　里
　　　　　　　　　　　　1979年10月29日

6. 注意用中文写信封的方法。请你按照下面的例子写一个信封。

Notice the way of addressing an envelope in Chinese. Write a letter as in the following example, using the information given.

例

收信人　中国北京语言学院　王英

寄信人　日本名古屋　张华

```
┌──────────────────────────────────────────┐
│                              ┌─────────┐ │
│    中国 北京                  │  邮 票   │ │
│                              │(yóupiào, │ │
│  北京语言学院                 │  stamp) │ │
│                              └─────────┘ │
│                                           │
│    王   英          同学      收          │
│                                           │
│                                           │
│         日本  名古屋  张华寄               │
└──────────────────────────────────────────┘
```

收信人　中国北京　北京大学　张文

寄信人　加拿大渥太华　安娜

第五十四课　复习(11)

称　　象

古时候，中国北方的人们没看见过象。有人用船从南方带来一只，大家知道了，都跑到河边去看。

"这只象太大了，比马大得多。"

"可能它的一只脚就跟一匹马一样重。"

"这只象最少有五千斤。"

"不，我看要比五千斤重一倍，有一万斤。"

大家讨论了很长时间,一个人说:

"要想知道这只象的重量，应该用秤称一称。"

"哪儿有这么大的秤呢?"

大家都想不出怎么称这只象。这时候,一个七岁的孩子走出来说:

"我有办法。"

"你有什么办法?"

"把这只象牵到船上去，看看水到船的什么地方,在那儿作一个记号。作完记号,把象牵下来,再往船上搬石头。等水到了作记号的地方,就别搬了。这只象就跟这些石头一样重。把石头搬下来,称一称,不(是)就知

173

道象的重量了吗?"

二、生 词

1. 称	(动)	chēng	to weigh
2. 象	(名)	xiàng	elephant
3. 北方	(名)	běifāng	north, the North
4. 脚	(名)	jiǎo	foot
5. 重量	(名)	zhòngliàng	weight
6. 秤	(名)	chèng	scales
7. 牵	(动)	qiān	to drag, to pull
8. 往	(介)	wàng	to, towards

补 充 生 词

1. 腿	(名)	tuǐ	leg
2. 胳膊	(名)	gēbo	arm
3. 眼睛	(名)	yǎnjing	eye
4. 鼻子	(名)	bízi	nose
5. 耳朵	(名)	ěrduo	ear
6. 嘴	(名)	zuǐ	mouth

三、练 习

1. 复习下列动词，注意每组中各个词的不同意义：Review the

following verbs, paying attention to the different meaning of each of them in each group:

1. 拿　搬　抱　提　扛　扔

2. 走　跑　追　跳　踢

3. 站　坐　骑　躺　倒

4. 叫　喊　问　回答　通知　告诉

5. 注意　准备　分析　比较

6. 穿　戴　带

7. 摆　放　挂

8. 集合　出发　参观　访问　旅行

9. 生　死　伤　病

10. 喜欢　懂　记　觉得　了解　知道
　　原谅　关心　照顾

2. 用汉语解释下列各词: Explain in Chinese the meaning of each of the following words:

(1) 体重　　(2) 房屋　　(3) 少数

(4) 多数　　(5) 亩产　　(6) 字数

(7) 岁数　　(8) 运动衣　　(9) 书店

3. 朗读下列对话，并根据括号里的数字写出汉字来：

Read aloud the following dialogue and write the Arabic numbers in parentheses in Chinese characters:

夏西：阿里，我现在在北京饭店给你打电话。我的房间是_____(2006)，你快来，我在房间里等你。

阿里：我立刻就去。你的房间是_____(2006)，对吗？

夏西：对，你马上来吧。

* * *

阿里：谢力，你现在用自行车吗？我想借你的车用一下。

谢力：我不用。你认识我的车吗？

阿里：认识，黑色的男车。

谢力：黑色的男车多极了。我告诉你车号，你就不会找错了。我的车号是_____(1003639)。

阿里：太好了，谢谢你，我一定能找到。要

是有人找我，你可以打＿＿＿＿＿＿＿＿
（552231）找我，我在＿＿＿＿＿＿（2006）
房间。晚上见！

谢力：晚上见！

　　　＊　　　＊　　　＊

阿里：这是＿＿＿＿＿＿＿（2006）号房间吗？

夏西：阿里，你来了，太好了，快请屋里坐吧！

阿里：你住这间屋吗？

夏西：对，我住这间屋。团长住在＿＿＿＿＿＿＿
（2004）号房间。

阿里：你刚到北京吧！你是坐飞机来的吗？
什么时候开始参观访问？

夏西：上午刚下飞机，休息了一会儿。明天
就要参观访问了。阿里，你在北京住
了＿＿＿＿＿＿＿（10）个月了，参观过不少
地方吧！

阿里：我参观过一个汽车厂，一个公社。我

177

们参观的汽车厂，解放以前只有＿＿＿
（200）多个工人，只能修理汽车；现在
有＿＿＿＿＿（8000）个工人，能自己生
产汽车了。农村也是这样。解放以
前，每亩地的产量很少，只有＿＿＿
（100）斤，现在已经增加到＿＿＿＿
（800）斤了，是以前的＿＿＿＿（8）
倍，比以前增加了＿＿＿＿（7）倍。
你谈谈你的情况吧！

夏西：我这次是跟科学代表团来的，我是翻
译。现在还没开始活动，今天下午先
休息一下儿。

阿里：你以后有时间到我们学校去玩儿吧！

夏西：好，我一定去。你住在哪儿？

阿里：我住在八楼＿＿＿＿（220）号房间。
时间不早了，我该走了，你一定来！

夏西：再坐一会儿吧！

阿里：不，我以后再来。

夏西：那我不留你了。再见！

阿里：再见！

4. 请比较表中两个城市的面积、人口；比较王中、张文的年纪、身高和体重，造五个比较句：Compare: (1) the area and population of the two cities, (2) Wang Zhong's and Zhang Wen's age, height and weight, in the following tables, then make up five sentences of comparison.

(1)

	面　　积	人　口
A 城	一万平方公里	七百万
B 城	五千九百平方公里	三百万

(2)

	年　纪	身　　高	体　　重
王中	十八岁	一·六米	五十五公斤
张文	十九岁	一·七五米	六十八公斤

5. 把下面两段话中带黑点的部分改成比较句：
Change each of the parts marked with "." in the following two passages to a sentence of comparison:

(1) 今年暑假，第一中学和第八小学的学生一起去看电影。中学生去了二百人，小学生去了一百五十人。中学生多，小学生少。他们去的礼堂有一千四百个座位，中学生和小学生占了四分之一的座位。中学生高，小学生矮(ǎi, short)，所以中学生坐在小学生后边。看电影的时候，小学生很安静，中学生也很安静。

(2) 我跟阿里是好朋友，我在北方学习，他在南方学习。现在我们都学习汉语。以后我学习数学，他学习历史。南方天气暖和，北方比较冷，冬天常下雪。他常常用汉语给我写信，我也常常给他回信。我写的信长，每封信大概有一千个字。他给我写的信短，每封信大概只有五百个字。休息的时候，我常常打篮球，他常常打排球。

6. 你知道问年纪的方法吗?请按照例子给(1)(2)各编一组对话:
Do you know how to ask the age? Make up a dialogue based on the information in the manner of the example

given:

例

问跟自己差不多年纪的人可以用
"你多大了?"

A: 丁力,你多大了?

B: 我二十了。

(1) 问比自己大得多的老人就要用"您多
大年纪了?"或者"您多大岁数了?"

(2) 问小孩儿用"你几岁了?"

第 五 十 五 课

前边走过来一个人。

宿舍里搬走了两个同学。

雨越下越大。

1. 桌子上放着很多书。

屋里，	摆，	花儿
路上，	停，	马车
广场上，	站，	人
这儿，	住，	工人

2. 前边走过来一个人。

182

操场上，	跑，	运动员〔个〕
飞机场北边，	飞，	飞机〔架〕
前边，	开，	火车〔列〕
那边，	开，	汽车〔辆〕

3. 宿舍里搬走了两个同学。

教室里，	搬出去，	椅子〔把〕
墙上，	掉下来，	画儿〔张〕
我们小组，	病，	人〔个〕

4. 雨越下越大。

雪，	下，	大
风，	刮，	大
人们，	玩儿，	高兴
大家，	谈，	热闹

5. 农民的生活越来越好。

我们学的汉字，	多
我们学的语法，	复杂
课文的内容，	深
他的身体，	好
他们的经验，	丰富

二、课文

方 向 不 对

这是中国古时候的一个故事。

大路上过来一辆马车，车上坐着一个人，前边还有一个赶车的。马车后边放着一只大箱子和一些别的东西。赶车的不停地赶，三匹马跑起来跟飞一样。看样子他们要到很远的地方去。

路旁边走过来一位老人，对坐车的说："先生，您这么着急，要到什么地方去?"

"我们要到楚国去。"坐车的停住了车，这样回答。

听说他们要到楚国去，老人笑了笑说："您走错了。楚国在南边，您为什么往北走呢?"

"那有什么关系! 您没看见吗? 这三匹马，又高又大，跑得跟飞一样快。"

"您的马虽然好，但是这不是去楚国的路，怎么能到得了呢?"

"怕什么?"坐车的指着后边的箱子说，"我的箱子里放着很多钱。有这么多钱，还怕到不了楚国吗?"

"您虽然有钱，可是，别忘了，您走的方向不对。这样会越走越远！"

坐车的听了，摇摇头说："没关系，您看，我的这个赶车的，身体好，技术高，能力特别强，别人都比不了他。"说完就让赶车的继续往前走。三四马越跑越快，一会儿，马车就看不见了。

虽然坐车的有很多好的条件，可是方向错了，结果离他要去的地方越来越远。

三、生　词

1. 马车　　（名）mǎchē　　horse carriage, cart
2. 广场　　（名）guǎngchǎng　square
3. 飞机场　（名）fēijīchǎng　airport, airfield
4. 飞　　　（动）fēi　　　　to fly
5. 架　　　（量）jià　　　　*a measure word*
6. 小组　　（名）xiǎozǔ　　group
7. 越…越…　　yuè…yuè…　the more… the more
8. 农民　　（名）nóngmín　　peasant

9. 越来越… yuè lái yuè… more and more

10. 复杂 (形) fùzá complicated

11. 内容 (名) nèiróng content

12. 深 (形) shēn deep, profound

13. 丰富 (形) fēngfù rich, abound

14. 方向 (名) fāngxiàng direction

15. 赶(车) (动) gǎn(chē) to drive (a cart)

16. 看样子 kàn yàngzi it looks like, it seems like

17. 先生 (名) xiānsheng gentleman, sir, Mr.

18. 听说 tīng shuō it is said that, to be told that, to hear

19. 有关系 yǒu guānxi it matters much, to have sth. to do with

20. 了 (动) liǎo to end up

21. 怕 (动) pà to fear, to be afraid of

22. 可是 (连) kěshì but

23. 忘 (动) wàng to forget

24. 摇 (动) yáo to shake

25. 技术 (名) jìshù technique

26. 能力 (名) nénglì ability

27. 继续 (动) jìxù to continue, to go on

28. 条件　　（名）tiáojiàn　　condition

专　名

楚国　　　　　Chǔguó　　the Chu state

补充生词

1. 错误　　（名）cuòwu　　error, fault, mistake
2. 犯　　　（动）fàn　　　to commit
3. 改正　　（动）gǎizhèng　to correct
4. 坚持　　（动）jiānchí　　to insist on, to persist in

四、语　法

1. 存现句　The sentence showing existence, emergence or disappearance

　　表示存在、出现或消失的动词谓语句就叫存现句。存现句的谓语动词主要不是说明动作，而是要说明人或事物在某处或某时以怎样的状态或方式存在、出现或消失。这种句子的词序是：

The sentence with a verb as its predicate which tells the existence, emergence or disappearance of a person or thing is known as a sentence showing existence, emergence or disappearance. The predicative verb of such a sentence does not chiefly indicate an action but tells the existence, emergence or disappearance of a person or thing at a certain place or time and in a certain state or manner. The word-order of such a sentence is as follows:

处所词（或时间词）——动词——表示人或事物的名词
例如：

position word (or time word)——verb——the noun
denoting a person or a thing e.g.

(1) 桌子上放着书、本子和钢笔。

(2) 大树下边坐着很多孩子，旁边还站着一个老师。

(3) 前边走过来一个中国同学。

(4) 昨天我们宿舍里搬走了两个同学。

例(1)(2)表示某处存在着什么，例(3)表示某处出现了什么，例(4)表示某时某处消失了什么。

Examples (2) and (1) tell where a person and a thing exist respectively. Example (3) tells where a person appeared; Example (4) tells where and when a person left.

要注意的是：Points to be noted:

A. 这种句子除少数外，一般动词后都有其他成分，如"了"、"着"、补语等。

Except in some very special cases, there are some other elements such as "了", "着" or a complement after the verb in this kind of sentence.

B. 在动词后面的表示存在、出现或消失的人或事物一般是不确指的。

The person or thing that exists, appears or disappears after the verb is, as a rule, indefinite.

2.“越…越…”格式　The construction “越…越…”

“越…越…”格式表示程度随着条件的发展而发展。例如：

The construction “越…越…” indicates that two things increase or decrease in a parallel way, or that one increases in the same degree as the other decreases, e.g.

(1) 他很着急，所以越走越快。

(2) 孩子们正在那儿跳舞，大家越跳越高兴。

(3) 中国的民族音乐非常好听，我越听越喜欢听。

3.“越来越…”格式　The construction “越来越…”

“越来越…”表示程度随着时间的推移而发展。例如：

The construction “越来越…” indicates that something increases in degree with the passage of time, e.g.

(1) 快到冬天了，天气越来越冷。

(2) 我们学的生词越来越多，课文也越来越难了。

(3) 他说汉语说得越来越好了。

_____

语法术语

存现句　　cún xiàn jù　　sentence showing existence, emergence or disappearance

190

五、练 习

1. 把下列句子改成存现句： Change the following to sentences showing existence, emergence or disappearance:

例

有一个提包在墙上挂着。

墙上挂着一个提包。

（1）有一个中国同学从前边走过来了。

（2）有两匹马从村子里跑出来了。

（3）今天有两个同学搬走了。

（4）有一件衬衣从楼上刮下来了。

（5）有一块面包从桌子上掉下去了。

（6）有五、六位农民代表在主席台上坐着。

（7）有很多花儿在桌子上摆着。

（8）有两辆汽车从学校里开出来了。

（9）有很多人在树下边站着。

（10）有一位解放军战士从船上走下来。

（11）开会的时候，很多汽车在广场上停

着。

(12) 有一个球从楼上掉下来了。

2. 按照下列例子改写句子：Rewrite the following sentences in the manner of the example given:

例

前边走过来一个人。

有一个人从前边走过来了。

(1) 广场上停着很多马车。

(2) 路上站着很多农民。

(3) 桌子上放着几杯牛奶。

(4) 前边的座位上坐着几个少数民族代表。

(5) 书架上放着一件礼物。

(6) 飞机场上停着几架飞机。

(7) 主席台上坐着几位领导人。

3. 按照例子用下列词组造句：Make up sentences as in the following example, using each of the words and phrases given below:

例

跑过去

操场上跑过去几个运动员。

192

(1) 走过来

(2) 飞过去

(3) 掉下来

(4) 站着

(5) 摆着

(6) 跑出来

(7) 搬走了

(8) 刮下来

4. 看图说话，尽量用上存现句。Talk about the following picture, using sentences showing existence, emergence or disappearance as much as you can.

5. 选择适当的词语填空： Fill in the blanks with the words
or phrases given:

越来越　越···越···　非常

(1) 我们学了三个月的中文，我们学的课文内容＿＿＿＿深, 语法＿＿＿＿复杂。

(2) 这种茶很好，我们＿＿＿＿喝＿＿＿＿喜欢喝。

(3) 这位老农民年纪不小，但是走起路来＿＿＿＿快。

(4) 这辆汽车看起来很好看，坐起来也＿＿＿＿舒服。

(5) 参加会的人＿＿＿＿多，会＿＿开＿＿热闹。

(6) 经过工人们的努力，这个工厂的劳动条件＿＿＿＿好。

(7) 这种小麦长得不太高，但是产量＿＿＿高。

6. 阅读后口述: Read and retell the following passage:

有一天，地主问阿凡提："要是一边放着钱，一边放着正义 (zhèngyì, justice)，你想要什么呢？"阿凡提说："我当然要钱。"地主说："要是我，我一定要正义。你想，钱很容易得到，可是正义是很难得到的啊！"阿凡提说："一个人少什么就要什么。我已经有正义，可是没有钱；你呢，有很多钱，可是一点儿正义也没有！"

第 五 十 六 课

他的练习作完了。
我的书让他借走了。
那个战士被大夫救活了。

一、替换练习

1. 他的练习作完了。

收音机，	修理好
任务，	完成
茶杯，	摔坏
衬衣，	洗干净

2. 我的书让他借走了。

我的书叫他借走了。

（他借走了我的书。）

自行车，	骑走
录音机，	拿去
毛衣，	穿去
照相机，	借走

3. 那个战士被大夫救活了。

路上的雪，	风，	刮走
那个农民，	地主，	逼死
这个情况，	同志们，	发现
地主，	农民，	打倒

4. 这位青年被派到外国去学习了。

送进研究所去学习　请到主席台上去
派到展览会去工作

5. 墙上的画儿没有被风刮掉。

这些东西，	他，	扔掉
我的提包，	人，	拿错
这个意见，	大家，	提出来

二、课文

白 毛 女

　　抗日战争的时候，河北省的一个村子里，有一对男女青年。男的叫大春，女的叫喜儿。他们已经决定，过了新年就结婚。

新年的前一天晚上，喜儿和父亲杨白劳，正准备过年，地主黄世仁派人把杨白劳叫去了。

杨白劳被带到地主家，黄世仁对他说："你春天借了我的钱，现在就要还。要是还不了，就把你女儿送来，你借的钱就不用还了。"

杨白劳不同意卖女儿，可是又没有钱还给地主。最后杨白劳被地主逼死了。

第二天，喜儿被抢到地主家。大春知道以后，非常着急。一天晚上，他跑到地主家，想把喜儿救出来，结果，让地主发现了。大春跳墙逃走了。喜儿又被抓了回去。

喜儿在地主家，从早到晚干活，还常常被打骂。黄世仁几次想侮辱喜儿，后来，喜儿想办法从黄家逃出去了。

喜儿没有地方去，只好跑到山里。那儿

没有吃的，没有穿的，生活条件非常困难。她的头发都白了。但是喜儿想："我一定要活下去①，我要报仇！"

大春逃到解放区，参加了八路军。后来，他被派到自己的村子，领导群众，跟地主斗争。一天，大春在山里找到了喜儿，立刻把她送回家去了。

村里的群众，团结起来了②，地主被打倒了。喜儿报了仇，她和大春幸福地生活在

一起了。

注

① 复合趋向补语"下去"有一种引申意义，即表示动作从现在继续到将来，后面一般不能有宾语。例如："课文他没念完，请你念下去。"

One of the extended usages of the compound directional complement "下去" is to indicate an action in progress starting now. In this usage, "下去" cannot take an object after it, e.g. "课文他没念完，请你念下去。"

② 复合趋向补语"起来"还有一种引申意义，即表示由分散到集中。例如："让我们团结起来吧！"

Another extended usage of the compound directional complement "起来" is to indicate concentration, e.g. "让我们团结起来吧！"

三、生　词

1. 任务　　（名）rènwù　　task

2. 完成　　（动）wánchéng　　to complete, to accomplish, to fulfil

3. 让　　（介）ràng　　by

4. 叫　　（介）jiào　　by

5. 被　　（介）bèi　　*a preposition indicating the passive voice*, by

6. 救　　（动）jiù　　to save, to rescue

201

7. 活	(动、形) huó	to live, living, alive
8. 逼	(动) bī	to compel, to force, to press
9. 打倒	dǎ dǎo	to overthrow, down with
10. 青年	(名) qīngnián	youth
11. 派	(动) pài	to send, to dispatch
12. 战争	(名) zhànzhēng	war
13. 省	(名) shěng	province
14. 对	(量) duì	*a measure word*
15. 结婚	jié hūn	to get married
16. 前	(名) qián	front, before
17. 过年	guò nián	to celebrate (spend) the New Year
18. 女儿	(名) nǚ'ér	daughter
19. 同意	(动) tóngyì	to agree, to consent
20. 卖	(动) mài	to sell
21. 抢	(动) qiǎng	to take away by force, to grab, to seize
22. 抓	(动) zhuā	to catch
23. 干活	gàn huó	to work, to do physical labour
24. 打	(动) dǎ	to beat

202

25. 骂	（动）mà	to scold, to curse, to abuse
26. 侮辱	（动）wūrǔ	to insult, to offer an insult to
27. 后来	（名）hòulái	then, afterwards
28. 逃	（动）táo	to flee, to escape, to run away
29. 头发	（名）tóufa	hair
30. 报仇	bào chóu	to revenge, to avenge
31. 解放区	jiěfàng qū	liberated area
32. 领导	（动、名）lǐngdǎo	to lead, leader, leadership
33. 群众	（名）qúnzhòng	the masses
34. 斗争	（动）dòuzhēng	to struggle against
35. 团结	（动）tuánjié	to unite
36. 幸福	（形）xìngfú	happy

专　　名

| 1. 白毛女 | Báimáonǚ | the White-haired Girl |
| 2. 抗日战争 | Kàng Rì Zhànzhēng | the War of Resistance Against Japan |

3. 河北省	Héběi Shěng	Hebei Province
4. 大春	Dàchūn	*name of a person*
5. 喜儿	Xǐ'ér	*name of a person*
6. 杨白劳	Yáng Báiláo	*name of a person*
7. 黄世仁	Huáng Shìrén	*name of a person*
8. 八路军	Bālùjūn	the 8th Route Army

补 充 生 词

1. 压迫	(动)	yāpò	to oppress
2. 剥削	(动)	bōxuē	to exploit
3. 反抗	(动)	fǎnkàng	to resist, to revolt against
4. 革命	(动、名)	gémìng	to make revolution, revolution
5. 阶级	(名)	jiējí	class

四、语　法

1. 意义上的被动句　　The sentence passive in meaning

汉语中的句子有的主语是施事，如"我学习汉语"，"他看报"；有的主语是受事，我们叫它意义上的被动句。这种句子在形式上和主语是施事的句子没有区别。例如：

In Chinese, the subject represents the agent of an action in some sentences, as in "我学习汉语" and "他看报", but in other sentences the subject becomes the recipient of

204

an action. Such a sentence is called a sentence passive in meaning. There is no difference at all in form between these two kinds of sentences, e.g.

(1) 文章已经写好了。

(2) 黑板擦得很干净。

(3) 你要的那本杂志放在桌子上了。

这种句子在日常生活中用得很多。主语一般是事物而且是确指的。

Sentences of this kind are extensively used in our daily life, and their subjects usually represent definite things.

2. "被"字句　"被" sentence

汉语里除意义上的被动句外，还有一种用介词"被"、"让"、"叫"表示被动的句子，叫"被"字句。这种句子的谓语动词一般总带有其他成分，说明动作的结果、程度、时间等等。词序一般是：

In Chinese, besides the sentences passive in meaning, there are also sentences in the passive voice shown by the preposition "被", "让" or "叫", which are known as "被" sentences. The predicative verb of a "被" sentence is usually followed by some other elements, which tell the result, degree or extent or time of an action. The word-order of such a sentence is as follows:

主语（受事）——"被" "让" "叫"——介词的宾语（施事）——动词

——其他成分

subject (the recipient of the action)—— "被"
"让"——the ob-
"叫"

ject of the preposition (the agent)——verb——other elements

"被"字多用于书面语，口语中常用"让"和"叫"。例如：

"被" is mostly used in written language while "让" and "叫" are usually used in colloquial speech, e.g.

(1) 把窗户关上吧，墙上的画儿快让风刮下来了。

(2) 我的自行车叫弟弟骑到学校去了。

(3) 喜儿的父亲被地主逼死了。

如果施事是不必或不能说出的，就可以用泛指的"人"来代替。例如：

If it is impossible or unnecessary to tell who (or what) the agent is, we use an indefinite "人" instead, e.g.

(4) 张老师被人请去作报告了。

(5) 那只大象让人牵走了。

有时，"被"字后面没有施事，直接和动词连接。"叫"、"让"没有这种用法。例如：

Sometimes "被" is followed immediately by the predicative verb, without indicating any agent. "叫" or "让", however, cannot be used in this way, e.g.

（6）她被救活了。

（7）解放前我哥哥给地主干活，有一次他
被打得病了半年多。

如果有否定副词或能愿动词，都要放在"被"字前面。例如：
The negative adverb or optative verb, if there is one,
should be put before "被", e.g.

（8）那本《人民画报》没让人借走。

3．连动句（二）　The sentence with verbal constructions in
series（2）：

还有一种第一个动词是"有"（或"没有"）的连动句。有两种
情况：

There is another kind of sentence with verbal construc-
tions in series in which the first verb is "有"（or "没有"）·
Such a sentence may have the following two forms:

A．第二个动词不带宾语。第一个动词的宾语，在意义上就
是第二个动词的受事。例如：

Where the second verb takes no object. In this case, the
object of the first verb is at the same time the recipient of
the action of the second verb in meaning, e.g.

（1）解放以前，他家里的人没有饭吃，没
有衣服穿，生活非常困难。

（2）你最近有小说看吗?

——有。现在书店里有很多新小说卖。

B．第二个动词后带宾语。在意义上第二个动宾结构对第一个动词结构有补充说明的作用。例如：

Where the second verb takes an object. In this case, the second verb-object construction merely serves to explain what the first verbal construction is for in meaning, e.g.

(1) 我们没有秤称这袋小麦，不知道它的重量。

(2) 我有几个问题要问你。

语法术语

　　"被"字句　"bèi"zìjù　　"被" sentence

五、练 习

1. 把下列被动句改成主动句：Change the following sentences in the passive voice into ones in the active voice：

(1) 我的录音机叫阿里借走了。

(2) 那个病人被大夫救活了。

(3) 他父亲让第一中学请去作报告了。

(4) 桌子上的纸被风刮掉了。

(5) 杯子里的茶让他喝完了。

(6) 他女儿被领导派到研究所去工作了。

(7) 那些旧书让他父亲卖掉了，一本也没留下。

(8) 去救喜儿的那天晚上，大春没有被地主抓住。

2. 把下列句子改成被动句：Change the following to sentences in the passive voice:

（1）学校的领导派那个青年出国了。

（2）他们把那些活都干完了。

（3）谢力把他的小说借走了。

（4）他把那张圆桌搬出去了。

（5）他们把任务完成了。

（6）他女儿把收音机修好了。

（7）他把那块布作成衬衣了。

（8）地主把喜儿抢走了。

（9）他没有把那些旧书卖掉。

（10）他把那把椅子搬到楼上去了。

（11）他把集合的时间忘了。

3. 根据所给内容进行对话: Make up dialogues using the information given below:

例

听录音

谢力：安娜，你现在忙不忙，有没有
时间听录音？

安娜：我现在比较忙，有很多作业要
作，没有时间听。

谢力：你什么时候有时间？

安娜：我作完作业就有时间了，但是
今天的作业比较多。今天下午
不一定有时间听了。

*　　　　*　　　　*

(1) 听音乐　　(2) 看电视　　(3) 听故事

4. 阅读短文并回答问题: Read the following passage, and then answer the questions given after it:

丁华的家在上海。家里有父亲、母亲，
还有哥哥、姐姐和妹妹。

他父亲是一个工人。解放前，他们家的

生活非常苦。他父亲每天要在工厂里劳动十五、六个小时，可是家里人还是吃了早饭没午饭，吃了午饭没晚饭。有一次，他父亲病了，没钱治，病一天比一天重，最后被赶出了工厂。

解放了，劳动人民翻了身。他父亲成了工厂的领导干部，但是每天还跟工人一起劳动。

他姐姐今年二十六岁，前年大学毕业以后被派到医院里工作，今年结婚了。哥哥没有姐姐大，哥哥去年被派到国外去学习了。妹妹比丁华小两岁，他们都在中学学习。丁华家的生活越来越好，他们生活得很幸福。

* * *

(1) 丁华家一共有几口人？

(2) 解放以前他家的情况怎么样？

(3) 说一说他们家现在的情况。

第 五 十 七 课

今天的会一开完，我就回家。

除了他学数学以外，我们都学汉语。

一、替换练习

1. 他一着急，就说不出话来。

吃不下饭　脸红　睡不好觉

2. 除了汉英词典以外，我还有一本新华字典。

收音机，	录音机〔个〕
拼音字母表，	汉字笔画表〔张〕
红铅笔，	蓝铅笔〔支〕
英文小说，	法文小说〔本〕

3. 除了少数汉字以外，多数都是由几个部分组成的。

> 不同的笔画　部首和别的部分

4. 除了他学数学以外，我们都学汉语。

> 会修理灯，　不会
> 不去旅行，　去
> 已经结婚，　没结婚
> 汉语水平高，　水平很低

5. 这些生词应该一个一个地查。

> 问题，　解决
> 意见，　研究
> 句子，　翻译

6. 条条意见都很正确。

间，	屋子，	干净
个，	箱子，	重
篇，	文章，	好
张，	画片，	好看

7. 她累了，应该早早儿地睡觉。

好好儿，	休息休息
舒舒服服，	躺一会儿
安安静静，	睡一会儿

二、课 文

学会查字典

上课的时候，一遇到不认识的字，我们就问老师。可是自学的时候，有了不认识或者不会写的字，怎么办呢？我们可以问不会说话的老师——字典。

　　一个刚学汉语的人，除了汉英、汉法等词典以外，还可以用《新华字典》。现在，让我们看看常用的查字典的方法。

　　如果知道某个字的拼音和声调，忘了怎么写，或者知道发音，会读某个词，可是不知道它的意思，就可以用音序查字法。音序查字法，就是按照汉语拼音字母的顺序，找出某个字的页数。这种方法，和查英文、法文等词典的方法是一样的。

　　看书的时候，书上的字不可能个个都认识。如果遇到生词，不会读，也不知道意思，就可以用笔画查字法。汉字看起来虽然复杂，但是每个字都是由一定的笔画组成的。查字的时候，先数一数这个字的笔画。字典前边有一个表，笔画少的在前，笔画多的在后。在表上找到这个字，一看页数就可以查到了。

除了上边的两种方法以外，还有一种部首查字法。什么叫部首呢？多数汉字都是由几个部分组成的，有些字都有一个相同的部分，例如"江、河、海"等都有"氵"，"树、椅、桌"等都有"木"，"打、抱、抢"等都有"扌"……。"氵"、"木"、"扌"等就叫部首。查字的时候，先看看它是哪一部，然后就可以在这个部里找到它。

查字典有各种不同的方法，但是只要好好学，好好记，多多练习，一定能很快掌握。学会查字典，等于多了一位不会说话的老师。

三、生 词

1. 一…就… yī…jiù… …as soon as…
2. 脸 (名) liǎn face
3. 除了…以外

216

		chúle···yǐwài	except, with the exception of, in addition to, besides
4. 字典	(名)	zìdiǎn	dictionary
5. 拼音		pīn yīn	phonetic transcription
6. 字母	(名)	zìmǔ	alphabet
7. 笔画	(名)	bǐhuà	stroke
8. 多数	(名)	duōshù	majority
9. 由	(介)	yóu	by, for
10. 部分	(名)	bùfen	part
11. 组成		zǔ chéng	to compose, to be composed of
12. 部首	(名)	bùshǒu	radical
13. 灯	(名)	dēng	lamp
14. 水平	(名)	shuǐpíng	level, standard
15. 低	(形)	dī	low
16. 查	(动)	chá	to look up (in a dictionary)
17. 解决	(动)	jiějué	to solve
18. 正确	(形)	zhèngquè	correct, right
19. 累	(形)	lèi	tired
20. 遇到		yù dào	to run into, to encounter, to come across

21.	自学	(动)	zìxué	to study on one's own, to study independently, to teach oneself
22.	办	(动)	bàn	to do, to handle, to tackle
23.	等	(助)	děng	etc.
24.	如果	(连)	rúguǒ	if
25.	某	(代)	mǒu	certain
26.	声调	(名)	shēngdiào	tone
27.	发音	(名)	fāyīn	pronunciation
28.	读	(动)	dú	to read
29.	音序		yīn xù	phonetic order, sound order
30.	顺序	(名)	shùnxù	order
31.	页	(量)	yè	*a measure word*, page
32.	数	(动)	shǔ	to count
33.	种	(量)	zhǒng	*a measure word*, kind
34.	相同	(形)	xiāngtóng	same, alike
35.	例如	(动)	lìrú	for example
36.	部	(名)	bù	radicals by which characters are arranged in traditional Chinese dictionaries
37.	然后	(副)	ránhòu	then, afterwards

| 38. 等于 | (动) děngyú | to equal, to be equal to |
| 39. 掌握 | (动) zhǎngwò | to master, to grasp, to gain control of |

专 名

《新华字典》

《Xīnhuá Zìdiǎn》 "Xinhua Dictionary"

补 充 生 词

1. 牙	(名) yá	tooth
2. 牙刷	(名) yáshuā	tooth-brush
3. 牙膏	(名) yágāo	tooth-paste
4. 偏旁	(名) piānpáng	radical, character component

四、语 法

1. "一…就…"格式　The construction "一…就…"

"一…就…"这个格式，可以表示两件事紧接着发生。例如：
The construction "一…就…" indicates that two things take place one immediately after the other, e.g.

(1) 这个道理我一听就懂了。

(2) 他一到，我们就开会。

有时也用"刚…就…"。例如：
Sometimes "刚…就…" is used in place of "一…就…", e.g.

(3) 生产队长刚从公社回来，就去参加劳动了。

"一…就…"还可以表示条件。例如：

The construction "一…就…" also indicates that something is the condition for the occurrence of something else, e.g.

(4) 我一着急，就头疼。

2. 复句　The compound sentence

复句是两个或两个以上意义有关联的单句组成的句子。组成复句的每个单句叫分句。有的复句，分句之间的关系用关联词语来表示。例如：

A compound sentence is usually composed of two or more simple sentences related to each other in meaning. The simple sentences of which a compound sentence is composed are called clauses. In a compound sentence the clauses are joined by a relative connective, e.g.

(1) 学校一放假，我们就去旅行。

(2) "座谈会"这三个字要是用彩色粉笔写，就更好看了。

(3) 虽然坐车的有很多好条件，但是方向错了，结果离他要去的地方越来越远。

有的复句不用关联词语，通过上下文来表示分句之间的关系。例如：

In some cases, the relationship of the clauses is indicated by the context rather than by a relative connective, e.g.

(4) 这个句子的语法太复杂，我不会分析。

3. "除了…以外"格式　　The construction "除了…以外"

A. "除了…以外"表示加合关系，后面常要有副词"还"、"也"或"又"等。"除了…以外"中间可以插入名词、代词、形容词或动词，以及形容词结构或动词结构。例如：

The construction "除了…以外" means "in addition to" or "besides". There is often the adverb "还", "也" or "又" to follow it in the second half of the sentence. In this construction a noun, a pronoun, an adjective or adjective construction, a verb or verbal construction can be inserted, e.g.

(1) 除了这种方法以外，还有一种方法。

(2) 墙上除了照片以外，还挂着一张世界地图。

(3) 住在这儿除了方便以外，还很安静。

(4) 这篇课文除了内容比较深以外，语法也很复杂。

B. "除了…以外"表示排除关系，后面常要有副词"都"。

"除了…以外"中间可以插入名词、代词、动词、动词结构或主谓结构。例如：

The construction "除了…以外" also means "with the exception of" or "except". There is often the adverb "都" to follow it in the second half of the sentence. In this construction a noun, a pronoun, a verb, a verbal construction or an adjective construction can be inserted, e.g.

(1) 这次考试，除了第二个问题以外，别的我都回答对了。

(2) 除了他以外，我们都参观过体育学院。

(3) 她除了晚上在家以外，别的时间都在学校。

(4) 除了弟弟喜欢看杂技以外，家里的人都喜欢看歌舞。

4．量词或数量词重叠　The reduplication of measure words or numeral-measure words

量词重叠有"每"的意思，但它不能修饰宾语，只能修饰主语或前置宾语。带量词重叠的句子，谓语中常有副词"都"。例如：

When reduplicated, a measure word has the same meaning of the word "每". A reduplicated measure word can only qualify the subject or the preposed object, not the object of the sentence. In a sentence with a reduplicated measure word, the adverb "都" is more often than not used in the predicate to show emphasis, e.g.

(1) 间间屋子都扫得很干净。

(2) 个个句子他都翻译得很正确。

少数名词也可以重叠，作用和量词重叠一样。例如：

A few nouns can also be reduplicated for emphasis. A reduplicated noun has the same function as that of a reduplicated measure word, e.g.

(3) 听了这个消息，人人都非常高兴。

(4) 年年的生产任务他们都完成得很好。

数量词也可以重叠，重叠以后：

A numeral + measure word can be reduplicated as well. When reduplicated, a mumeral + measure word can be used:

A. 作状语，说明动作的方式：

Either as an adverbial adjunct to tell the manner of an action, e.g.

(1) 你们两个两个地进来检查身体。

(2) 把石头搬下来，一块一块地称一称，就知道大象的重量了。

B. 作定语，表示个体的罗列：

Or as an attributive to show enumeration of things one by one, e.g.

(1) 一辆一辆的汽车停在学校的大门口。

(2) 书架上放着一本一本的新书，非常整齐。

5. 形容词重叠　The reduplication of adjectives

一部分形容词可以重叠，重叠后一般表示性质、状态的程度加深。单音节形容词重叠，口语中第二个音节常常变为第一声并儿化。双音节形容词重叠以音节为单位，即按"AABB"式重叠，重音落在第四个音节上。单音节形容词重叠作状语，结构助词"地"可有可无；双音节的则一般需要加"地"。例如：

A part of adjectives can also be reduplicated. The reduplication of an adjective usually indicates the intensification of the degree of some quality. In colloquial speech, when a monosyllabic adjective is reduplicated, the second syllable is often pronounced in the 1st tone with the retroflex "儿". When a disyllabic adjective is reduplicated, the syllables are repeated in the pattern of "AABB" and the 4th syllable is stressed. When used as an adverbial adjunct, a reduplicated disyllabic adjective generally takes the structural particle "地", but with a reduplicated monosyllabic adjective, "地" is optional, e.g.

(1) 你明天早早儿（地）来，我们一起去长城。

(2) 孩子们高高兴兴地到公园去了。

"好好儿"作状语，可以表示很多种意思。例如：

When used adverbially, "好好儿" carries the following different meanings:

(3) 我们应该好好儿学习。(努力地)

(4) 你身体不太好,应该好好儿休息。(很好地)

(5) 这课课文比较难, 大家要好好儿听。(注意地)

(6) 这个问题现在还不能解决, 我们要好好儿研究研究。(认真地)

语法术语
1. 单句　dānjù　　simple sentence
2. 复句　fùjù　　compound sentence
3. 分句　fēnjù　　clause

五、练 习

1. 完成句子：Complete the following sentences:

(1) 查字典的方法很多, 除了音序查字法以外,_____。

(2) 他只会一种查字典的方法, 除了按照音序查字以外,_____。

（3）他有很多种字典，除了 _____，

还有《新华字典》、《学生字典》等。

（4）他会说很多种外语，除了英语以外，

_____。

（5）北京语言学院除了有中国同学以外，

_____。

（6）参加这次座谈会的，除了 _____，

还有一些技术员。

（7）他一下飞机，_____。

（8）天气 _____，他的脚就疼。

（9）他一紧张就 _____。

（10）虽然这个字的笔画比较多，_____。

（11）_____，但是他没有着急。

（12）要是你同意，_____。

（13）要是你把汉语拼音学好了，_____。

2. 选择下列量词、名词、数量词或形容词重叠后填空：
Reduplicate each of the following measure words, nouns, numeral + measure words and adjectives, and then fill in

each blank with an appropriate one:

匹 包 天 人 笔 个 篇 红 白
黑 短 整齐 热闹 高兴 简单

(1) 今天我们____地开了一个运动会。

(2) 那个女孩子____的脸，____的头发，
非常好看。

(3) 这几匹马____都跑得很快，____它们
都跑很多路，____见了都喜欢。

(4) 他的屋子布置得很好看。书架上____
地放着很多书，____的墙上挂着一张
山水画。走进屋子让人觉得很舒服。

(5) 他用____的几句话，就把这个句子的
意思讲清楚了。

(6) 要用部首查字法，先要把字的笔画
____地数出来。

(7) 他的发音很好，____字都念得很正
确。

(8) 他的汉语水平很高，＿＿＿文章都翻译得不错。

(9) 桌子上放着＿＿＿的礼物。

3. 用重叠的量词、形容词改写句子: Rewrite each of the following sentences using a reduplicated measure word or adjective:

(1) 新年到了，每家都非常高兴地在一起过年。

(2) 每年都有不少外国留学生来中国学习。

(3) 商店里挂着的大衣，每件都很漂亮。

(4) 这个小组每个月都完成生产任务。

(5) 这个饭店的菜作得很好，每个菜都很好吃。

(6) 我们在很暖和的屋子里看书，一出门才知道下雪了，地上已经变白了。

4. 阅读下列对话: Read the following dialogue:

小王：玛丽，你学了多少课了？

玛丽：我学了五十七课了。

小王：你觉得汉语容易学吗？

玛丽：还可以。要是认真学习，就能学好。现在我们能看懂一些简单的文章了。

小王：那很不错，你能全看懂吗？有没有不认识的字？

玛丽：有，还不少呢！

小王：遇到不认识的字怎么办呢？

玛丽：以前我们一遇到不认识的字，除了问老师和中国同学以外，没有别的办法。现在我们学会查字典了，遇到不认识的字，可以查字典。

小王：你们学了几种查字典的方法？

玛丽：学了两种：一种是音序查字法，一种是部首查字法。

小王：现在我们用这两种方法来查一查，好不好？

玛丽：好。我们先用音序查字法。你说一个字。

小王：我们就查一查"推(tuī)"这个字是什么意思。

玛丽：会读这个字，知道这个字的发音，那就很容易。按照汉语拼音字母的顺序，就可以查到。你看，它在《新华字典》第四百三十六页。

小王：你查得真快。你再查一查这个字——"桥"。

玛丽：这也不难。"桥"这个字的部首是"木"，四画。先查"部首目录"。"部首目录"中四画第十一个就是"木"。"木"右边有个数字"53"，"53"是检字表里的页数。找到检字表中的第五十三页，就是"木"部。然后再数一数"乔"的笔画，"乔"这一部分一共有六画。你看，六画里有"桥"这个字，旁边有数字351。我们再查第三百五十一页。你看，"桥"读"qiáo"，下边写的是"桥"的意思。

小王：你查得很快。现在再请你查一下"洗"、"烧"这两个字，好不好？

玛丽：好。越多练习，查得越快。

5. 补充相同部首的字： Fill in the blanks with characters having the same radicals as those in each of the following groups:

木：树 概 村 极 析 ＿＿＿＿ ＿＿＿＿

扌：摇 抢 指 按 摔 ＿＿＿＿ ＿＿＿＿

氵：河 江 法 消 海 ＿＿＿＿ ＿＿＿＿

口：叫 吗 吧 啊 喊 呢 ＿＿＿＿ ＿＿＿＿

灬：然 热 烈 ＿＿＿＿ ＿＿＿＿

囗：团 国 困 园 ＿＿＿＿ ＿＿＿＿

亻：任 倍 便 例 伟 信 ＿＿＿＿ ＿＿＿＿

忄：愉 快 惜 惯 情 ＿＿＿＿ ＿＿＿＿

心：感 ＿＿＿＿ ＿＿＿＿

钅：钢 铁 锅 ＿＿＿＿ ＿＿＿＿

纟：经 继 续 线 组 ＿＿＿＿ ＿＿＿＿

讠：词 译 谊 读 试 ＿＿＿＿ ＿＿＿＿

攵：数 改 收 ＿＿＿＿ ＿＿＿＿

土：增 地 墙 ＿＿＿＿ ＿＿＿＿

232

第五十八课 复习(12)

一、句型语法

汉语句子的类型　　Different types of Chinese sentences

1．从句子的结构上分，可以分成：

According to their structure, Chinese sentences can be classified as follows:

A．单句　　单句一般是由一个主语和一个谓语构成的（或者是由一个词或一个词组构成的）。单句又可分成：

Simple sentenes, usually composed of either a subject and a predicate or a word or a phrase. Simple sentences can be classified into the following categories:

(A)主谓句，按照谓语的结构可以分成：

Subject-predicate sentences. According to the structure of the predicate, subject-predicate sentences can be subdivided into:

a. 名词谓语句

Sentence with a noun as its predicate, e.g.

(1) 我妹妹十五岁。

(2) 今天星期四。

b. 形容词谓语句

Sentence with an adjective as its predicate, e.g.

233

(1) 那只大象跟这些石头一样重。

(2) 中国的海岸线很长。

c. 动词谓语句

Sentence with a verb as its predicate, e.g.

(1) 他买回来了一本什么小说？

(2) 地主把喜儿的父亲逼死了。

(3) 房子已经盖好了。

d. 主谓谓语句

Sentence with a subject-predicate construction as its predicate, e.g.

(1) 老大娘年纪很大了。

(2) 他身体越来越好。

(B) 非主谓句：

Non-subject-predicate sentences:

a. 无主句

Sentence without a subject, e.g.

(1) 刮风了。

(2) 上课了。

b. 独词句　One-word sentence, e.g.

(1) 汽车！

(2) 注意！

B. 复句　　根据分句与分句之间的关系，复句基本上可以

234

分成两大类型：

Compound sentences. According to the relationship between the clauses, compound sentences can be classified into the following two major kinds:

(A) 联合复句　　联合复句中各分句在意义上的关系是平等的，不分主次的。例如：

Compound sentences. In such sentences, the clauses are co-ordinate and equal to each other in importance, e.g.

(1) 我喜欢喝茶，我哥哥也喜欢喝茶。

(2) 他站起来，对我笑了笑，就走出去了。

(B) 偏正复句　　偏正复句中的分句有主次之分，在一般情况下，表示次要意义的分句在前，表示主要意义的分句在后。例如：

Complex sentences. In such sentences, the clauses are subordinate to each other in meaning. Generally speaking, the subordinate clause precedes the main clause e.g.

(1) 虽然坐车的有很多好条件，可是方向错了，结果离他要去的地方就越来越远。

(2) 在中国，要是你把自己的地址 (dìzhǐ, address) 写在信封上部，信就会给你寄回来。

235

上述各种句子的关系，可以列表如下：
The relationship of all the sentences explained above can
be shown diagrammatically like this:

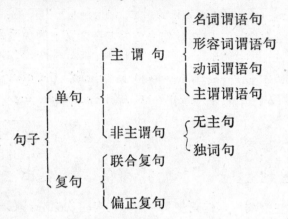

2．从句子的用途和语气上分，可以分成：
On the basis of their functions and tones, Chinese sen-
tences can be classified as follows:

A．陈述句
Declarative sentences, e.g.

(1) 中国是一个多民族的国家。

(2) 为了把自己的国家建设成一个现代
化的社会主义强国，中国人民正在积
极、努力地工作。

B． 疑问句
Interrogative sentences, e.g.

(1) 现在去晚不晚？

(2) 用什么办法可以找到丢提包的人呢?

C. 祈使句

Imperative sentences, e.g.

(1) 请注意!

(2) 让我们团结起来吧!

D. 感叹句

Exclamatory sentences, e.g.

(1) 啊! 这儿太好看了!

(2) 好球!

二、词 汇

复习下列动词，注意每个词的各种意义和用法:

Review the following verbs, paying attention to the different meanings and usages of each of them:

1. 打

    (1) 打人

    (2) 打针

    (3) 打电话　打电报

    (4) 打球　打篮球　打排球　打乒乓球

    (5) 打开书　打开门　打开窗户

       打开箱子

⑹ 打开收音机　打开电视机　打开
录音机　打开灯

2. 开

⑴ 开门　开窗户

⑵ 开车

⑶ 开会

⑷ 开电视机　开录音机　开灯

⑸ 开药方

3. 上

⑴ 上课　上学　上班

⑵ 上山　上车　上楼　上船　上飞机

⑶ 上食堂　上街　上教室

4. 下

⑴ 下课　下班

⑵ 下车　下楼　下船　下飞机

⑶ 下雨　下雪

5. 叫

(1) 他叫什么名字？

(2) 外边有人叫你。

(3) 小声点儿，不要大喊大叫！

三、课　文

婚　礼

王春英和杨福群的婚礼，决定在新年的前一天举行。这时候，秋收已经完了，地里的活也不太忙。婚礼和节日在一起，大家更觉得高兴。

这对青年人是怎么认识的呢？事情是这样：

春英家门口的墙，已经很旧了。一年夏天，下大雨，墙让雨水冲倒了。春英的父亲前几年就死了，她又没有哥哥、弟弟，家里没有人修墙。生产队的领导，知道了这个情况，就派人来帮助她们。被派来的青年里，有个叫杨福群的。他长得很漂亮，技术也比别人高。春英对他的印象特别深。从那次以后，春英家有重活，小杨就来帮她们干。后来，小杨常来找春英玩儿，春英有时候也去找他。他们还常常一起参加生产队的活动。慢慢地两个人的感情越来越深，最后，决定结婚了。

春英没有哥哥、弟弟，小杨决定结婚以后到她家来住。这样的情况，在村里还是不多的。

举行婚礼的这一天，春英的妈妈王大娘特别高兴，屋子扫得非常干净，布置得非常漂亮。村里的青年差不多都来了。小杨和春英被大家推到屋子中间，坐在一起，人们让这对年轻人谈谈是怎么认识的，还让他们一起唱歌。青年们说说笑笑，热闹极了。

　　看着这些幸福的年轻人，王大娘想起自己以前的事：她结婚的那一天，被送到丈夫家来的时候，还没见过丈夫是什么样。结婚以后，家里生活很苦，没办法，到地主家去干活，常常被打骂。

　　"现在的青年男女，真是太幸福了！①"王大娘心里这样想。

注

①　有一种用来表达强烈感情的句子，如喜爱、惊讶、赞美、感慨等等，叫感叹句。这种句子有时前边有叹词，句尾常常有语气助词。例如："他汉语说得太好了！""啊，这座山真高啊！"

In Chinese, there is a kind of sentences which express

strong emotions and feelings such as liking or love, surprise, praise or exclamation etc. Sentences of this kind are known as exclamatory sentences. In an exclamatory sentence, there is sometimes an interjection at the head of the sentence, and there is often a modal particle at the end, as in "他汉语说得太好了", "啊，这座山真高啊！"

四、生　词

1. 婚礼　　（名）hūnlǐ　　　wedding ceremony
2. 节日　　（名）jiérì　　　festival
3. 事情　　（名）shìqing　　thing, business
4. 雨水　　（名）yǔshuǐ　　rain
5. 冲　　　（动）chōng　　to wash, to rinse, to flush
6. 修　　　（动）xiū　　　to repair, to mend
7. 生产队　　shēngchǎn duì　production team
8. 漂亮　　（形）piàoliang　beautiful, pretty
9. 印象　　（名）yìnxiàng　impression
10. 感情　　（名）gǎnqíng　feelings, sentiments
11. 推　　　（动）tuī　　　to push
12. 丈夫　　（名）zhàngfu　husband

专　　名

1. 王春英　Wáng Chūnyīng　*name of a person*

2. 杨福群 Yáng Fúqún　　*name of a person*

补充生词

1. 生日　　（名）shēngrì　　birthday
2. 新娘　　（名）xīnniáng　　bride
3. 新郎　　（名）xīnláng　　bridegroom
4. 妻子　　（名）qīzi　　wife

五、练　习

1. 分析下列各句哪些是主动句，哪些是被动句（包括意义上的被动句）：Analyze the following, telling sentences in the active voice from sentences in the passive voice (including those passive in meaning):

　（1）生产队的领导让人请去作报告了。

　（2）生产队的领导让他去作报告。

　（3）这本数学书已经写完了。

　（4）这位数学老师是在一九五六年写的这本书。

　（5）他叫阿里去喝茶。

　（6）他叫阿里请去喝茶了。

（7）信写完了。

（8）喜儿为了不受地主的侮辱，从地主家逃出来了。

（9）领导上派他去那个生产队买三匹马。

（10）他被生产队长派去买马了。

2. 复习下列介词并选择适当的填空：Review the uses of the following prepositions and fill in each blank with a proper one:

把　跟　和　对　给　从

在　往　被　让　叫

小李：小丁，你这么急，＿＿哪儿去？

小丁：我去参加小杨的婚礼。他今天结婚，你知道吗？

小李：我不知道，我＿＿他不太熟，他＿＿谁结婚？

小丁：他＿＿王春英结婚。王春英你认识吗？

小李：不认识。小杨＿＿王春英是一个村的

吗？他们是怎么认识的？

小丁：是一个村的。说起来话长，他们认识两、三年了。还是在大前年，王大娘家的墙＿＿＿雨水冲倒了，王大娘非常着急，可是家里只有春英一个女儿，墙修不起来。后来生产队的领导了解了这个情况，派了几个青年帮王大娘修墙，＿＿＿派去的几个青年中间，就有小杨。小杨这个人，干活干得特别漂亮，＿＿＿人又热情。没几天，他们就＿＿＿墙修好了。就这样，小杨给王春英的印象很深。＿＿＿那次以后，王大娘家有重活，小杨就来帮着干。小杨和春英常＿＿＿一起学习，参加队里的活动，两个人越来越了解了，感情越来越深了，最后决定结婚。你也去吧，看看他们的婚礼，很简单也很热闹。

小李：我想去，但是我____小杨不熟，又不
　　　认识王春英。

小丁：没关系，我____你们介绍一下，你们
　　　就认识了。

小李：婚礼____哪儿举行？

小丁：婚礼____王大娘家举行。我忘了说
　　　了，小杨知道王大娘家人少，要是春
　　　英结了婚，走了，就留下王大娘一个
　　　人了，所以他决定自己搬到王大娘家
　　　去住。这____我们村里还是不多的
　　　呢！

3. 根据下列内容进行会话：Engage in a dialogue, using the following as an example:

阿　里：请大家坐好，现在开会。今天把大
　　　家请来，讨论我们班和二〇三班开
　　　联欢 (liánhuān, to have a get-together) 会 的
　　　事。下个月二十八号我们班和二〇

三班联欢，地点在二三〇教室。现在二〇三班已经开始积极准备，他们要表演小歌舞，还演一个小话剧《一张药方》。现在我们开始讨论一下我们的节目吧！

加里亚：我先说一点。我想我们班也演一个小话剧《军民一家》。

谢　力：我同意加里亚的意见。还有，阿里在我们班唱歌唱得最好，请他唱几个中国歌。我们班上的女同学很喜欢跳舞，我们请她们表演一个民族舞。

加里亚：（鼓掌）我同意谢力的意见，但是这还要问问女同学，她们同意不同意。

女同学：同意，我们明天就开始练习。还有阿里的节目，他同意吗？

阿　里：我唱得不太好，我一个人用中文唱
　　　　没有经验，谢力、加里亚和我一起
　　　　唱，好不好？

谢　力：不要客气了，你就代表我们唱吧！

阿　里：好，我们班的节目就这样决定了。
　　　　我们还有布置会场的任务，大家说
　　　　说怎么样布置比较好？

谢　力：这个任务交给加里亚吧！他的房间
　　　　布置得很漂亮。他一定会把会场
　　　　布置得很好看。

加里亚：谢力，让我们两个人来完成这个任
　　　　务吧！

阿　里：时间不早了，会就开到这儿。希望
　　　　大家认真准备，把联欢会开好。

词 汇 表
Vocabulary

A

| àn | 按照 | (介) ànzhào | according to | 52 |

B

bǎ	把	(介) bǎ	a preposition showing disposal	48
bǎi	摆	(动) bǎi	to put, to place	49
bān	搬	(动) bān	to remove, to move	46
bàn	办	(动) bàn	to do, to handle, to tackle	57
	办法	(名) bànfǎ	method, way	52
bāng	帮	(动) bāng	to help	48
bāo	包	(量) bāo	a measure word, parcel	48
bào	抱	(动) bào	to carry in one's arms	48
	报仇	bào chóu	to revenge, to avenge	56
	报告	(名、动) bàogào	report, to report	44
bēi	杯	(量) bēi	a measure word, cup	44
běi	北方	(名) běifāng	north, the North	54

bēi	倍	（量）bēi	a measure word, fold, times	53
	被	（介）bēi	a preposition indicating the passive voice, by	56
bī	逼	（动）bī	to compel, to force, to press	56
bǐ	比	（介、动）bǐ	a preposition showing comparison, than	51
	笔画	（名）bǐhuà	stroke	57
bì	毕业	bì yè	to graduate	43
biàn	变化	（名）biànhuà	change	43
biǎo	表	（名）biǎo	watch	47
	表	（名）biǎo	table	49
bié	别	（副）bié	do not, don't	49
bìng	病人	（名）bìngrén	patient	49
bù	布	（名）bù	cloth	53
	部	（名）bù	part, section	53
	部	（名）bù	radicals by which characters are arranged in traditional Chinese dictionaries	57
	部分	（名）bùfen	part	57
	部首	（名）bùshǒu	radical	57
	布置	（动）bùzhì	to arrange, to dispose	49

C

| cā | 擦 | （动）cā | to sweep | 49 |

250

cāi	猜	（动）cāi	to guess	47
cài	菜	（名）cài	vegetable, dish	53
céng	层	（量）céng	*a measure word*, storey 47
chá	茶	（名）chá	tea	44
	查	（动）chá	to look up (in a dictionary)	57
chà	差不多	（副、形）chàbuduō	more or less, almost	43
chǎn	产量	（名）chǎnliàng	volume of production, output	51
cháng	长	（形）cháng	long	43
	长度	（名）chángdù	length	53
chǎng	场	（量）chǎng	*a measure word*	52
chē	车间	（名）chējiān	workshop	45
chēng	称	（动）chēng	to weigh	54
chéng	成	（动）chéng	to become, to turn into	49
chèng	秤	（名）chèng	scales	54
chōng	冲	（动）chōng	to wash, to rinse, to flush	58
chú	除了…以外	chúle…yǐwài	except, with the exception of, in addition to, besides	57
cūn	村子	（名）cūnzi	village	51

D

| dǎ | 打 | （动）dǎ | to beat | 56 |

	打倒		dǎ dǎo	to overthrow, down with	56
dà	大概	（副）	dàgài	probably, most likely	44
	大门	（名）	dàmén	gate	51
	大娘	（名）	dàniáng	auntie, aunt	48
	大衣	（名）	dàyī	overcoat, topcoat	49
dài	戴	（动）	dài	to wear	47
	袋	（量）	dài	a measure word, bag	48
	代表	（名、动）	dàibiǎo	delegate, representative, to delegate, to represent, on behalf of	44
	代表团	（名）	dàibiǎotuán	delegation	44
dāng	当…的时候				
			dāng…de shíhou	when	45
	当然	（形）	dāngrán	of course	53
dǎo	倒	（动）	dǎo	to fall down	45
dào	道理	（名）	dàolǐ	reason	52
dēng	灯	（名）	dēng	lamp	57
děng	等	（助）	děng	etc.	57
	等级	（名）	děngjí	grade	52
	等于	（动）	děngyú	to equal, to be equal to	57
dī	低	（形）	dī	low	57
	低声	（形）	dīshēng	in a low voice	52
dì	地	（名）	dì	land, field	51
	地主	（名）	dìzhǔ	landlord	50
diǎn	点	（名）	diǎn	point, dot	53
diàn	电视机	（名）	diànshìjī	TV set	47
diào	掉	（动）	diào	to drop, to lose	47

diū	丢	（动）	diū	to lose	47
dòu	斗争	（动）	dòuzhēng	to struggle against	56
dú	读	（动）	dú	to read	57
duǎn	短	（形）	duǎn	short	47
duì	对	（量）	duì	*a measure word*	56
	对不起		duì bu qǐ	I'm sorry, sorry, excuse me, pardon me	50
	队伍	（名）	duìwu	contingent, troops	45
duō	多	（副）	duō	how	43
	多数	（名）	duōshù	majority	57

E

ér	儿子	（名）	érzi	son	48
ěr	耳机	（名）	ěrjī	earphone	47

F

fā	发现	（动）	fāxiàn	to find, to discover	51
	发音	（名）	fāyīn	pronunciation	57
	发展	（动）	fāzhǎn	to develop	53
fàn	饭店	（名）	fàndiàn	hotel, restaurant	44
fāng	方便	（形）	fāngbiàn	convenient	48
	方法	（名）	fāngfǎ	method, way	48
	方面	（名）	fāngmiàn	aspect, respect	52
	方向	（名）	fāngxiàng	direction	55
fáng	房间	（名）	fángjiān	room	44
	房子	（名）	fángzi	house	51

fēi	飞	（动）	fēi	to fly	55
	非常	（副）	fēicháng	very, extremely, highly	46
	飞机场	（名）	fēijīchǎng	airport, airfield	55
fēn	分	（动）	fēn	to divide	52
	分析	（动）	fēnxī	to analyze	48
	…分之…		…fēn zhī…	*formula for fraction*	53
fěn	粉笔	（名）	fěnbǐ	chalk	49
fēng	封	（量）	fēng	*a measure word*	43
	丰富	（形）	fēngfù	rich, abound	55
fǔ	辅导	（动）	fǔdǎo	to coach	43
fù	父亲	（名）	fùqin	father	51
	复杂	（形）	fùzá	complicated	55

G

gǎi	改	（动）	gǎi	to change	49
gài	盖	（动）	gài	to build	51
gǎn	赶(车)	（动）	gǎn(chē)	to drive (a cart)	55
	感动	（形、动）	gǎndòng	moving, touching, to move, to be moved	48
	赶快	（副）	gǎnkuài	hurriedly, in a hurry, at once	47
	感情	（名）	gǎnqíng	feelings, sentiments	58
gàn	干活		gàn huó	to work, to do physical labour	56
gè	各	（代）	gè	each	44
gèng	更	（副）	gèng	even, still	48
gòng	共和国	（名）	gònghéguó	republic	53

gǔ	古	（形） gǔ	ancient	47
guān	关心	（动） guānxīn	to show concern for, to be concerned about, to take care of	48
	观众	（名） guānzhòng	audience, spectator	45
guǎng	广场	（名） guǎngchǎng	square	55
guō	锅	（名） guō	cooking-pot	50
guó	国际	（名） guójì	international	44
guò	过年	guò nián	to celebrate (spend) the New Year	56

H

hǎi	海	（名） hǎi	sea	47
	海岸线	（名） hǎi'ànxiàn	coast line	53
hǎn	喊	（动） hǎn	to shout, to yell	45
hē	喝	（动） hē	to drink	44
hé	河	（名） hé	river	47
hēi	黑板	（名） hēibǎn	blackboard	47
hòu	后来	（名） hòulái	then, afterwards	56
hū	忽然	（副） hūrán	suddenly, all of a sudden	45
hú	湖	（名） hú	lake	47
huá	划（船）	（动） huá(chuán)	to paddle a boat, to row	43
huài	坏	（形、动） huài	bad, spoiled, damaged	47
huàn	换	（动） huàn	to change, to exchange	47
huí	回信	（名） huíxìn	a letter in reply, to reply letter, to reply by	

				letter	43
huì	会场	（名）	huìchǎng	meeting-place, conference (assembly) hall	49
hūn	婚礼	（名）	hūnlǐ	wedding ceremony	58
huó	活	（动、形）	huó	to live, living, alive	56
	活动	（名、动）	huódòng	activity	43

J

jī	机器	（名）	jīqì	machine	51
jí	集合	（动）	jíhé	to muster, to rally, to assemble	45
jì	寄	（动）	jì	to send, to post, to mail	43
	记	（动）	jì	to write down, to record	49
	记号	（名）	jìhào	mark, sign	47
	技术	（名）	jìshù	technique	55
	继续	（动）	jìxù	to continue, to go on	55
jiā	加油		jiā yóu	to pep up, to cheer (players) on	45
jià	架	（量）	jià	*a measure word*	55
jiān	间	（量）	jiān	*a measure word*	47
jiǎn	简单	（形）	jiǎndān	simple	52
jiàn	剑	（名）	jiàn	sword	47
	健康	（形）	jiànkāng	healthy	51
jiāng	江	（名）	jiāng	river	53
jiǎng	讲桌	（名）	jiǎngzhuō	lecture desk	49

jiāo	交	(动) jiāo	to hand over, to hand in, to deliver	49
	交流	(动) jiāoliú	to exchange	49
jiǎo	脚	(名) jiǎo	foot	54
jiào	叫	(介) jiào	by	56
jiē	接着	(连) jiēzhe	after, following, next	48
jié	结果	(名、副) jiéguǒ	result, consequence, as a result, in the end, finally	52
	结婚	jié hūn	to get married	56
	节日	(名) jiérì	festival	58
jiě	解放区	jiěfàng qū	liberated area	56
	解决	(动) jiějué	to solve	57
jǐn	紧张	(形) jǐnzhāng	intense, tense, nervous	43
jìn	进步	(形、名) jìnbù	progressive, progress, to make progress	43
	进行	(动) jìnxíng	to carry on, to go on	43
jīng	经过	(动) jīngguò	to pass through (by)	51
	经验	(名) jīngyàn	experience	49
jiù	救	(动) jiù	to save, to rescue	56
jǔ	举行	(动) jǔxíng	to hold	44
jué	决定	(动) juédìng	to determine, to decide	51

K

| kàn | 看样子 | kàn yàngzi | it looks like, it seems like | 55 |

káng	扛	（动）káng	to carry on one's shoulder, to shoulder	48
kǎo	考试		kǎo shì	to sit for examination, examination	51
kě	可是	（连）kěshì	yet	55
kè	课程	（名）kèchéng	course, curriculum	49
	客气	（形）kèqi	polite, courteous	48
kuài	块	（量）kuài	a measure word	46
kuān	宽	（形）kuān	wide, broad	51
kùn	困难	（形、名）kùnnan	difficult, difficulty	48

L

láo	劳驾		láo jià	would you mind···? can you do me a favour···?	49
lǎo	老	（形）lǎo	old, veteran	44
lèi	累	（形）lèi	tired	57
lǐ	礼物	（名）lǐwù	present, gift	45
lì	立刻	（副）lìkè	at once, immediately	43
	例如	（动）lìrú	for example	57
	历史	（名）lìshǐ	history	47
liǎn	脸	（名）liǎn	face	57
liáng	粮食	（名）liángshi	grain	48
liǎo	了	（动）liǎo	to end up	55
liè	列	（量）liè	a measure word	46
lǐng	领导	（动、名）lǐngdǎo	to lead, leader, leadership	56

| líu | 留 | (动) líu | to accept, to take, to leave | 50 |

M

mǎ	马	(名) mǎ	horse	52
	马车	(名) mǎchē	horse carriage, cart	55
mà	骂	(动) mà	to scold, to curse, to abuse	56
mài	卖	(动) mài	to sell	56
mào	帽子	(名) màozi	hat, cap	49
mí	谜语	(名) míyǔ	riddle	47
mǐ	米	(量) mǐ	metre	45
miàn	面包	(名) miànbāo	bread	53
	面积	(名) miànjī	area	53
mín	民族	(名) mínzú	nation, nationality	53
míng	名	(量) míng	*a measure word*, place	45
mìng	命令	(动、名) mìnglìng	to order, to issue an order, order	52
mǒu	某	(代) mǒu	certain	57
mǔ	亩	(量) mǔ	*a Chinese measure for land, equal to 1/15 hectare*	51
	母亲	(名) mǔqin	mother	48

N

| ná | 拿 | (动) ná | to take, to hold | 45 |

nà	那么	（代、连）nàme	such	52
nèi	内容	（名）nèiróng	content	55
néng	能力	（名）nénglì	ability	55
nián	年纪	（名）niánjì	age	48
	年轻	（形）niánqīng	young	51
niú	牛奶	（名）niúnǎi	milk	53
nóng	农村	（名）nóngcūn	countryside	51
	农民	（名）nóngmín	peasant	55
	农业	（名）nóngyè	agriculture	44
nǚ	女儿	（名）nǚ'ér	daughter	56

P

pà	怕	（动）pà	to fear, to be afraid of	55
pài	派	（动）pài	to send, to dispatch	56
pǐ	匹	（量）pǐ	*a measure word*	52
piān	篇	（量）piān	*a measure word*	44
piào	漂亮	（形）piàoliang	beautiful, pretty	58
pīn	拼音	pīn yīn	phonetic transcription	57
píng	瓶	（量）píng	*a measure word*, bottle	45
	平方	（名）píngfāng	square	53

Q

qí	其他	（代）qítā	other	52
qì	汽水	（名）qìshuǐ	aerated water, mineral water	45
qiān	千	（数）qiān	thousand	51

	牵	(动)	qiān	to drag, to pull	54
qián	前	(名)	qián	front, before	56
	前年	(名)	qiánnián	the year before last	44
	前天	(名)	qiántiān	the day before yester-day	44
qiáng	强	(形)	qiáng	strong, powerful	53
qiǎng	抢	(动)	qiǎng	to take away by force, to grab, to seize	56
qīng	青年	(名)	qīngnián	youth	56
qìng	庆祝	(动)	qìngzhù	to celebrate	44
quān	圈	(量)	quān	*a measure word*, circle	45
quán	全	(形)	quán	whole	53
què	却	(副)	què	but, however	52
qún	群众	(名)	qúnzhòng	the masses	56

R

rán	然后	(副)	ránhòu	then, afterwards	57
ràng	让	(介)	ràng	by	56
rè	热闹	(形)	rènao	bustling and astir, boisterous	45
rén	人口	(名)	rénkǒu	population	53
rèn	认识	(动)	rènshi	to recognize, to know, to be familiar with	48
	任务	(名)	rènwu	task	56
rēng	扔	(动)	rēng	to throw, to cast	49
rì	日报	(名)	rìbào	daily paper, daily	47
ròu	肉	(名)	ròu	meat	53

rú	如果	（连）rúguǒ	if	57

S

sài	赛马		sài mǎ	horse race	52
	赛跑		sài pǎo	to run a race, race	45
sǎo	扫	（动）sǎo		to sweep	48
shāng	伤	（名、动）shāng		wound, to be wounded	46
shàng	上等	（名）shàngděng		superior grade, first class	52
shǎo	少数	（名）shǎoshù		minority	53
shēn	身	（名）shēn		body	48
	深	（形）shēn		deep, profound	55
shēng	生	（动）shēng		to be born, to give birth to	50
	生产	（动）shēngchǎn		to produce	52
	生产队		shēngchǎn duì	production team	58
	声调	（名）shēngdiào		tone	57
	声音	（名）shēngyīn		voice, sound	47
shěng	省	（名）shěng		province	56
shí	时间	（名）shíjiān		time	43
	石头	（名）shítou		stone	46
shì	事情	（名）shìqíng		thing, business	58
shǒu	首都	（名）shǒudū		capital	43
shòu	受	（动）shòu		to suffer from	46
shū	输	（动）shū		to lose	52
shǔ	数	（动）shǔ		to count	57
	暑假	（名）shǔjià		summer vacation	51
shù	（人）数	（名）（rén）shù		number (of persons)	53

	数目	（名）	shùmù	number	53
	数学	（名）	shùxué	mathematics	52
shuāi	摔	（动）	shuāi	to fall	45
shuǐ	水平	（名）	shuǐpíng	level, standard	57
shùn	顺序	（名）	shùnxù	order	57
sǐ	死	（动）	sǐ	to die	50
suī	虽然	（连）	suīrán	although, though	52
suì	岁	（量）	suì	*a measure word*, year, age	51
suǒ	所以	（连）	suǒyǐ	so, therefore	50

T

tā	它	（代）	tā	it	49
tái	台	（量）	tái	*a measure word*	51
táo	逃	（动）	táo	to flee, to escape, to run away	56
tǎo	讨论	（动）	tǎolùn	to discuss	43
tí	提包	（名）	tíbāo	hand-bag, bag	45
	提高	（动）	tígāo	to raise, to improve	53
tǐ	体操	（名）	tǐcāo	gymnastics	44
tiān	天	（名）	tiān	the sky	47
tiáo	条	（量）	tiáo	*a measure word*	51
	条件	（名）	tiáojiàn	condition	55
tiào	跳	（动）	tiào	to jump, to spring	45
tiě	铁	（名）	tiě	iron	50
	铁路	（名）	tiělù	railway	46
tīng	听说		tīng shuō	it is said that, to be

				told that, to hear	55
tíng	停	（动）	tíng	to stay, to stop	43
tōng	通知	（动、名）	tōngzhī	to note, to inform, note	48
tóng	同	（形）	tóng	same	52
	同意	（动）	tóngyì	to agree, to consent	56
tóu	头发	（名）	tóufa	hair	56
tuán	团结	（动）	tuánjié	to unite	56
	团长	（名）	tuánzhǎng	head of a delegation	44
tuī	推	（动）	tuī	to push	58

W

wán	完成	（动）	wánchéng	to complete, to accomplish, to fulfil	56
wàn	万	（数）	wàn	ten thousand	53
wàng	忘	（动）	wàng	to forget	55
	往	（介）	wàng	to, towards	54
wèi	位	（量）	wèi	*a measure word*	44
	为	（介）	wèi	for	53
	为了	（介）	wèile	for	48
wén	文章	（名）	wénzhāng	literary composition, essay, article	49
wū	侮辱	（动）	wūrǔ	to insult, to offer an insult to	56

X

xī	希望	（动）	xīwàng	to hope, to wish	49

264

xǐ	洗	(动)	xǐ	to wash	49
xià	下等	(名)	xiàděng	inferior grade	52
xiān	先生	(名)	xiānsheng	gentleman, sir, Mr.	55
xiàn	现代化	(动)	xiàndàihuà	to modernize	53
xiāng	相同	(形)	xiāngtóng	same, alike	57
xiàng	象	(名)	xiàng	elephant	54
	项目	(名)	xiàngmù	event	45
xiāo	消息	(名)	xiāoxi	news	43
xiǎo	小麦	(名)	xiǎomài	wheat	51
	小心	(形)	xiǎoxīn	careful, cautious	47
	小学	(名)	xiǎoxué	primary school	51
	小组	(名)	xiǎozǔ	group	55
xīn	心	(名)	xīn	heart	52
	新年	(名)	xīnnián	New Year	48
xìn	信	(名)	xìn	letter	43
xìng	幸福	(形)	xìngfú	happy	56
xiū	修	(动)	xiū	to repair, to mend	58
	休假		xiū jià	to be on holiday (leave)	48
	修理	(动)	xiūlǐ	to repair, to mend	51
xué	学术	(名)	xuéshù	academic knowledge	44

Y

yán	研究	(动)	yánjiū	to research	44
	研究所	(名)	yánjiūsuǒ	institute	44
yàng	样	(名)	yàng	shape	49
yáo	摇	(动)	yáo	to shake	55

yào	要是	（连）	yàoshì	if	50
yè	页	（量）	yè	*a measure word*, page	57
yī	一…就…		yī…jiù…	…as soon as…	57
yǐ	一定	（形）	yídìng	certain, definite	52
	一样	（形）	yíyàng	same	52
yì	亿	（数）	yì	a hundred million	53
	一点儿		yì diǎnr	a little, a bit	47
	意思	（名）	yìsi	meaning, sense	48
yīn	音序		yīn xù	phonetic order, sound order	57
yìn	印象	（名）	yìnxiàng	impression	58
yíng	赢	（动）	yíng	to win	52
yòng	用力		yòng lì	to exert one's strength, with great strength	46
yóu	由	（介）	yóu	by, for	57
yǒu	有关系		yǒu guānxì	it matters much, to have sth. to do with	55
	有一点儿		yǒu yì diǎnr	some, a little, a bit, somewhat	47
yòu	又	（副）	yòu	again, once more	45
	幼儿园	（名）	yòu'éryuán	kindergarten	45
yǔ	雨水	（名）	yǔshuǐ	rain	58
yù	遇到		yù dào	to run into, to encounter, to come across	57
	遇见		yù jiàn	to meet, to encounter	44
yuán	原谅	（动）	yuánliàng	to pardon, to excuse	43
	圆形	（名）	yuánxíng	round, circular	49
yuè	越来越…		yuè lái yuè…	more and more	55

	越…越…		yuè…yuè…	the more…the more	55
yùn	运动场	（名）	yùndòng-	sports (athletic) ground,	
			chǎng	playground	44
	运动会	（名）	yùndònghuì	sports meet	44
	运动员	（名）	yùndòngyuán	athlete, sportsman,	
				player	45

Z

zēng	增加	（动）	zēngjiā	to increase, to raise	51
zhàn	占	（动）	zhàn	to constitute, to make	
				up	53
	战士	（名）	zhànshi	soldier	46
	战争	（名）	zhànzhēng	war	56
zhǎng	长	（动）	zhǎng	to grow	51
	掌握	（动）	zhǎngwǒ	to master, to grasp, to	
				gain control of	57
zhàng	丈夫	（名）	zhàngfu	husband	58
zháo	着	（动）	zháo	to touch, to hit	47
	着急		zháo jí	to be anxious (worried)	
				about	52
zhào	照顾	（动）	zhàogu	to take care of, to look	
				after	48
zhè	这么	（代）	zhème	such, so	52
	这样	（代）	zhèyàng	such, thus, in this way	52
zhèng	正确	（形）	zhèngquè	correct, right	57
zhǐ	指	（动）	zhǐ	to point at, to point	
				to	49

	只好	（副）	zhǐhǎo	can not but, can only, to have to	52
zhōng	钟	（名）	zhōng	clock	47
	…中		…zhōng	in, between, among	53
	中等	（名）	zhōngděng	medium grade	52
	钟头	（名）	zhōngtóu	hour	43
	中午	（名）	zhōngwǔ	noon	43
	中学	（名）	zhōngxué	middle school	51
zhǒng	种	（量）	zhǒng	*a measure word*, kind	57
zhòng	重量	（名）	zhòngliàng	weight	54
zhōu	洲	（名）	zhōu	continent	53
zhǔ	主席台	（名）	zhǔxítái	rostrum	45
zhù	祝	（动）	zhù	to wish	43
zhuā	抓	（动）	zhuā	to catch	56
zhuān	专业	（名）	zhuānyè	speciality, profession	43
zhuī	追	（动）	zhuī	to run after, to pursue	45
zì	字典	（名）	zìdiǎn	dictionary	57
	自己	（代）	zìjǐ	self	45
	字母	（名）	zìmǔ	alphabet	57
	自学	（动）	zìxué	to study on one's own, to study independently, to teach oneself	57
zǔ	组成		zǔ chéng	to compose, to be composed of	57
zuì	最后	（名）	zuìhòu	last, at last	45
	最近	（名）	zuìjìn	recent	43
zuò	座	（量）	zuò	*a measure word*	46

268

座谈	（动）zuòtán	to have an informal discussion	49
座位	（名）zuòwèi	seat	49
作业	（名）zuòyè	homework	47

专 名

A

| 阿凡提 | Āfántí | name of a person | 50 |

B

八路军	Bālùjūn	the 8th Route Army	56
白毛女	Báimáonǚ	the White-haired Girl	56
北京饭店	Běijīng Fàndiàn	Beijing Hotel	44

C

| 长江 | Cháng Jiāng | the Changjiang (Yangtze) River | 53 |
| 楚国 | Chǔguó | the Chu state | 55 |

D

大春	Dàchūn	name of a person	56
第三世界	Dìsānshìjiè	the Third World	53
东北	Dōngběi	the Northeast of China	44

H

汉族	Hànzú	the Han nationality	53
河北省	Héběi Shěng	Hebei Province	56
黄河	Huáng Hé	the Huanghe (Yellow) River	53
黄世仁	Huáng Shìrén	*name of a person*	56

K

抗日战争	Kàng Rì Zhànzhēng	the War of Resistance Against Japan	56

L

李兰英	Lǐ Lányīng	*name of a person*	48

Q

齐国	Qíguó	the Qi state	52
齐王	Qí Wáng	Lord of the Qi state	52

R

《人民日报》	《Rénmín Rìbào》	"People's Daily"	47

T

| 田忌 | Tián Jì | *name of a person* | 52 |

W

| 王春英 | Wáng Chūnyīng | *name of a person* | 58 |
| 维吾尔族 | Wéiwú'ěrzú | Weiwur nationality (the Uighur) | 50 |

X

喜儿	Xǐ'ér	*name of a person*	56
向阳路	Xiàngyáng Lù	*name of a street*	48
谢刚	Xiè Gāng	*name of a person*	48
《新华字典》	《Xīnhuá Zìdiǎn》	"Xinhua Dictionary"	57
新疆	Xīnjiāng	Xinjiang (Province)	50

Y

亚洲	Yà Zhōu	Asia	53
杨白劳	Yáng Báiláo	*name of a person*	56
杨福群	Yáng Fúqún	*name of a person*	58

Z

| 中华人民共和国 | Zhōnghuá Rénmín Gònghéguó | the People's Republic of China | 53 |

语 法 复 习 提 纲
Outline of Grammar for Review

一、词的部分 Words

（一）词类　Parts of speech

1.　名词 Nouns

(1) 中国　北京　长城　八路军

(2) 大夫　机器　水　城市

(3) 友谊　科学　能力　道理

(4) 昨天(21课)　以前(36课)　中间　里边(27课)

汉语的名词一般没有单复数之分。

Chinese nouns have no grammatical numbers in general.

(5) 一个外国留学生

(6) 一百多个外国留学生

有些指人的名词也可以加词尾"们"表示复数。（16课）

Some nouns denoting person can sometimes take the suffix "们" after them to show plural number(See Lesson 16).

(7) 外国留学生们

少数名词可以重叠，表示"每"的意思。（57课）

A number of nouns when reduplicated have the same

meaning of the word "每" (See Lesson 57).

(8) 冬天的时候他天天跑步。

(9) 这个公社的小麦年年都是大丰收。

2. 代词 Pronouns

A. 人称代词 Personal pronouns

我　他们　她　大家　自己

B. 疑问代词 Interrogative pronouns

谁　什么　哪儿　怎么　怎么样　多少(20课)

几(13课)

C. 指示代词 Demonstrative pronouns

这　那　这儿　那儿　这么　那么　这样

各　每(32课)

3. 动词 Verbs

(1) 工作　觉得　站

(2) 继续　开始　进行

(3) 是　有　在(27课)

有些动词可以重叠。(39课)

Some verbs can be reduplicated (See Lesson 39).

(4) 想(一)想　坐(一)坐

(5) 谈了谈　笑了笑

(6) 分析分析　介绍介绍

4. 能愿动词(28课)　Optative verbs (See Lesson 28)

能　可以　会　想　要　可能

5. 形容词　Adjectives

　　红　短　早　宽　深　简单　努力　安静

　　舒服　丰富　紧张　年轻

有些形容词可以重叠。(57课)

Some adjectives can be reduplicated (See Lesson 57).

　　(1) 好好儿　慢慢儿

　　(2) 高高兴兴　整整齐齐

6. 数词　Numerals

A. 基数（20课　53课）Cardinal numbers (See Lessons 20 and 53)

　　两(13课)　半　万　十二　三百零八　六千四

　　七十五万　一百九十万

B. 序数(32课) Ordinal numbers (See Lesson 32)

　　第二　一班　一九七七年　二月九日(32课)

C. 概数(53课) Approximate numbers (See Lesson 53)

　　(1) 四五　十二三　二十八九　六七十

　　　　一二百　两三千　五六万　七八百万

　　(2) 十几　二十几　几十　几百　几千　几万

　　(3) 四十多　一千多　五万多

　　　　六万七千八百多　三百多万

D. 分数(53课) Fractions (See Lesson 53)

　　三分之二($\frac{2}{3}$)　　二十分之一($\frac{1}{20}$)

　　百分之九十五(95%)

E. 倍数（53课）Multiple numbers（See Lesson 53）

　　　　一倍　两倍

7. 量词（18课）Measure words（See Lesson 18）

A. 名量词（42课）　Nominal measure words（See Lesson 42）

　　　两课课文　三种情况　几斤水果

　　　一些同学（17课）　这场比赛　那件衣服

　　　这十封信　那二十块钱（20课）

量词重叠有"每"的意思。（57课）

A measure word when reduplicated has the same meaning of the word "每"（See Lesson 57）.

　　　（1）我们的宿舍楼里个个房间都很干净。

数量词重叠可以作状语。（57课）

A numeral‐measure word can be reduplicated to function as an adverbial adjunct（See Lesson 57）.

　　　（2）他们把石头从山上一块一块地搬下来。

B. 动量词（39课 42课）Verbal measure words（See Lessons 39 and 42）

　　　一次　两遍　三下

8. 介词 Prepositions

　　　在（24课）　从（24课 33课）离 对 为 跟

　　　把 被 让 叫 比 往 由 按照

9. 副词 Adverbs

　　　都（17课）常（17课）多（43课）很 已经 只

276

刚　也（17课）　太　还　再（52课）又（48课　52课）

才（31课）　就（31课　44课）　忽然　不　没（有）

10．连词　Conjunctions

和（11课）　或者　虽然　但是　可是　所以

11．助词　Particles

A．结构助词（34课）　Structural particles (See Lesson 34)

的　地　得

B．动态助词　Aspect particles

了　着　过

C．语气助词　Modal particles

吗　呢（44课）　吧（37课）　了（29课　31课）的　啊

12．叹词　Interjections

啊

13．象声词　Onomatopoeia

乒乒乓乓的声音　吃吃地笑

二、句子部分 Sentences

（一）句子分类　句子可以分成单句和复句。（58课）

Classification of sentences　Chinese sentences can be divided into simple sentences and compound sentences (See Lesson 58).

I．单句　Simple sentences

1．按结构分：

According to their structure, simple sentences can be classified into the following categories:

277

A. 主谓句 The subject-predicate sentences

(A) 名词谓语句（21课） The sentence with a noun as its predicate (See Lesson 21)

（1） 今天已经星期六了。

（2） 他上海人。

（3） 大娘，您多大年纪了？

——我七十九（岁）了。

(B) 形容词谓语句（15课 18课） The sentence with an adjective as its predicate (See Lessons 15 and 18)

（1） 音序查字法比笔画查字法简单。

（2） 现在早上和晚上都很凉快，中午还有一点儿热。（47课）

(C) 动词谓语句（16课） The sentence with a verb as its predicate (See Lesson 16)

（1） 足球比赛已经开始了。

（2） 同学们都在礼堂门口欢迎那个体操代表队。

（3） 他送我一张很好看的中国画儿。

(D) 主谓谓语句（21课） The sentence with a subject-predicate construction as its predicate (See Lesson 21)

（1） 这儿空气很好，也很安静。

（2） 他身体一天比一天好。

B. 非主谓句 The non-subject-predicate sentences

(A)无主句(36课) The sentence without a subject (See Lesson 36)

(1) 下雪了。

(2) 昨天下午有人找你。

(3) 要学好一种语言，应该多听多说多写多看。

(B)独词句 The one-word sentence

(1) 注意!

(2) 汽车!

2. 按用途分：According to their function, simple sentences can be classified as follows:

A. 陈述句 The declarative sentences

(1) 中国是一个多民族的国家。

(2) 衣服都洗干净了。(56课)

B. 疑问句 The interrogative sentences

(A)疑问句(一)(11课) Questions of type (1) (See Lesson 11)

(1) 她现在忙吗?

(2) 晚饭已经准备好了吗?

(B)疑问句（二）(12课) Questions of type (2) (See Lesson 12)

(1) 那个新来的同志会几种外语?

(2) 用什么办法可以找到丢提包的人呢?

(3) 这两个瓶子哪个里边是汽水?

(4) 你们生产队有多少社员?

(C) 疑问句(三)(12课) Questions of type (3) (See Lesson 12)

(1) 邮局离我们这儿远不远？

(2) 你听过那个学术报告没有？

(D) 疑问句(四)(19课) Questions of type (4) (See Lesson 19)

(1) 运动会下星期就要举行了，你参加赛跑还是参加体操表演？

(2) 田忌和齐王赛马，田忌输了还是赢了？

C. 祈使句(37课) The imperative sentences (See Lesson 37)

(1) 快把衣服上的雪扫扫吧！

(2) 请进！

D. 感叹句(58课) The exclamatory sentences (See Lesson 58)

(1) 这个体育馆真大啊！

(2) 啊！这篇文章太好了！

Ⅱ. 复句(57课) Compound sentences (See Lesson 57)

1. 联合复句 The compound sentences

(1) 教室布置得很漂亮,欢迎会开得也很热闹。

(2) 他在我这儿坐了一会儿，就走了。

(3) 他又是我的老师，又是我的朋友。

2. 偏正复句 The complex sentences

A. "虽然…但是（可是）…"表示转折　　"虽然…但是

（可是）…" indicates a converse.

(1) 他虽然年纪大了，可是身体很健康。

(2) 虽然开会的时间不长，但是讨论的问题不少。

B. "因为…所以…"表示因果 "因为 (yīnwéi, because)…所以…" indicates cause and effect.

(1) 我（因为）坐在前边，所以看得非常清楚。

(2) 他天天早上锻炼，所以身体越来越好。

(55课)

C. "要是…就…"表示假设 "要是…就…" indicates supposition.

(1) 要是暑假比较长，我就到北方去旅行。

(2) 今天晚上你（要是）有时间，就请到我家来谈谈吧。

D. "一…就…"表示条件 (57课) "一…就…" indicates a condition (See Lesson 57).

(1) 学习的时候，我一遇到困难他就来帮助我。

(2) 他一着急，晚上就睡不好觉。

(二) 句子成分　Sentence members

1. 主语　除名词、代词可作主语外，形容词、数词、量词、动词、动词结构（动宾、动补、状动等结构）、主谓结构等也可以作主语。(35课)

Subject　Besides nouns and pronouns, adjectives, numerals, measure words, verbs, verbal constructions and subject-predicate constructions etc. can all function as the subject of a sentence (See Lesson 35).

（1） 热和冷都不好，不冷不热最好。

（2） 四是八的二分之一。

（3） 他们班的同学，个个是运动员。

（4） 这种衬衣真漂亮，一件多少钱？

（5） 参观访问可以帮助我们了解中国。

（6） 跑步是一种很好的体育运动。

（7） 你应该早点儿睡，睡得太晚不好。

（8） 早睡早起是个好习惯。

（9） 身体好很重要。

（10） 看完电影再预习也可以。

2．谓语　　动词、形容词、名词、数量词、主谓结构等都可以作谓语。

Predicate　Verbs, adjectives, nouns, numeral – measure words and subject-predicate constructions can all function as the predicate of a sentence.

3．宾语　　除名词、代词可以作宾语外，形容词、数量词、动词、动词结构、主谓结构等都可以作宾语。（35课）

Object　Besides nouns and pronouns, adjectives, numeral – measure words, verbs, verbal constructions and subject-predicate constructions etc. can all function as an object (See Lesson 35).

（1）学习汉语要多练习说，不要怕错。

（2）学习汉字要多练习写。

（3）这种钢笔很好用，我想再买一支。

（4）你要注意锻炼身体。

（5）我希望你明天能来帮忙。

（6）我越学习越觉得自己知道的少。（55课）

前置宾语（28课）　　Preposed Object (See Lesson 28)

（7）我现在简单的故事能看懂，小说还看不懂。

（8）生词和课文她都翻译得很好。

4．定语（12课　15课　18课　33课　34课）Attributives (See Lessons 12, 15, 18, 33 and 34)

A．名词作定语　　A noun as an attributive

名词作定语表示领属关系或时间处所名词作定语，后面一般要用"的"。如果名词定语是说明中心语性质的，一般不用"的"。

When a noun is used as an attributive to show possession or when a time word or position word is used as an attributive, it usually takes "的" after it. If the noun as an attributive tells the quality of what it qualifies, no "的" is used.

（1）安娜的房间

　　明天的飞机票

　　北边的剧场

（2）外国人

　　世界地图

B. 代词作定语　　A pronoun as an attributive

人称代词作定语表示领属关系时，后面一般用"的"。如果中心语是亲属或所属单位时，一般不用"的"。

When a personal pronoun is used as an attributive to show possession, it usually takes "的" after it. But if what it qualifies represents a kinsfolk of the attributive or the collective of which the attributive is a member, "的" is usually done without.

(1) 他的书架

　　 大家的事情

(2) 我母亲

　　 你们班

指示代词和量词作定语不用"的"。(15课)

When a demonstrative pronoun or a measure word is used as an attributive, it takes no "的" after it (See Lesson 15).

(3) 这本杂志

(4) 那条铁路

C. 数词、数量词作定语(13课)　　A numeral or numeral – measure word as an attributive (See Lesson 13)

数词作定语一般要用"的"，有时可以省略。数量词作定语一般不用"的"。

When a numeral is used as an attributive, it usually takes "的" after it. Sometimes "的" can be omitted. A numeral – measure word used as an attributive usually takes no "的" after it.

284

（1）四的二倍

　　百分之八十（的）男工

（2）一块黑板

　　三种方法

D. 形容词作定语　　An adjective as an attributive

单音节形容词作定语一般不用"的"，双音节形容词后面一般要用"的"，但有时可以省略。形容词结构作定语后面一般要用"的"。（32课）

A monosyllabic adjective as an attributive usually takes no "的" after it while a disyllabic one takes "的", which can be omitted sometimes. An adjective construction as an attributive usually takes "的" (See Lesson 32).

（1）大操场

　　热水

（2）好看的毛衣

　　幸福（的）生活

（3）很大的操场

　　非常热的水

形容词"多"、"少"作定语时，前面要加上副词，后面可以不用"的"。

When the adjective "多" or "少" is used attributively, it is usually preceded by an adverb and takes no "的" after it.

（4）很多（的）群众

　　不少（的）运动员

E. 动词作定语(29课)　A verb as an attributive (See Lesson 29)

动词作定语，后面一般要用"的"。但双音节动词表示修饰关系的一般不用"的"。

When a verb is used attributively, it usually takes "的" after it. But a disyllabic verb as an attributive, which shows possession, usually takes no "的".

(1) 参观的同志

　　借的杂志

(2) 劳动人民

　　庆祝活动

F. 动词结构作定语(29课)　A verbal construction as an attributive (See Lesson 29)

动词结构作定语后面要用"的"。

When a verbal construction is used attributively, it takes "的" after it.

(1) 给家里写的信

(2) 正在干活的社员

(3) 准备好的礼物

　　带来的水果

　　看不懂的地方

G. 主谓结构作定语(33课)　A subject-predicate construction as an attributive (See Lesson 33)

主谓结构作定语，后面要用"的"。

A subject-predicate construction used attributively usually

takes "的" aftes it.

(1) 水平高的技术员

(2) 她买的汽水

5. 状语(17课 33课 34课) Adverbial adjuncts (See Lessons 17, 33 and 34)

A. 副词作状语 An adverb as an abverbial adjunct

单音节副词作状语，不带"地"。双音节副词一般也不带"地"。

A monosyllabic adverb when used as an adverbial adjunct takes no "地" after it. A disyllabic adverb, when used as an adverbial adjunct, takes no "地" either.

(1) 很健康

(2) 常常讨论

B. 形容词作状语 An adjective as an adverbial adjunct

单音节形容词作状语，一般不用"地"。双音节的一般要用"地"。形容词前又带状语时，要用"地"。

A monosyllabic adjective used as an adverbial adjunct usually takes no "地" after it while a disyllabic one usually takes. An adjective when preceded immediately by an adverbial adjunct takes "地".

(1) 早来

多练习

(2) 认真地工作

努力(地)学习

(3) 非常努力地学习

C. 时间词和处所词作状语 A time word or a position

word as an adverbial adjunct

时间词和处所词作状语后面不用"地"。

A time word or a position word when used as an adverbial adjunct takes no "地" after it.

(1) 晚上复习

(2) 两夜没睡觉

(3) 里边坐

D. 介宾结构作状语（24课） A prepositional construction as an adverbial adjunct (See Lesson 24)

介宾结构作状语后面不用"地"。

A prepositional construction when used as an adverbial adjunct takes no "地" after it.

(1) 在阅览室看报

(2) 往东边走

(3) 为他高兴

(4) 跟我一样

6. 补语　Complements

A. 程度补语（25课 26课） Complement of degree (See Lessons 25 and 26)

除形容词外，动词结构、主谓结构等也可作程度补语。

Besides adjectives, verbal constructions and subject-predicate constructions etc. can all function as complements of degree.

(1) 他说得不太清楚。

(2) 他们讨论问题讨论得特别认真。

（3）孩子们高兴得跳起来了。

B. 结果补语（35课） Complement of result (See Lesson 35)

（1）录音机我用完了，现在还给你，请 放 好。
（43课）

（2）我没买着那种词典，但是借到了一本。

（3）请你把窗户关上。

C. 趋向补语（37课　45课） Directional complement (See Lessons 37 and 45)

（1）他回宿舍去了。

（2）他带来了几本新书。

（3）她从友谊商店买回来一件毛衣。

（4）代表团来我们学校参观，同学们都跑 出 教
室来欢迎他们。

（5）让我们团结起来吧！（56课）

（6）喜儿想："我一定要活下去，我要报仇!"
（56课）

D. 可能补语（47课） Potential complement (See Lesson 47)

（1）他是东北人，我听得懂他的话。

（2）那个门太小了，汽车开不进去。

（3）暑假出去旅行的同志，他们八月 二十五 日
以前回得来回不来？

E. 时量补语（43课）Complement of time (See Lesson 43)

(1) 今天上午我们参观民族学院参观了两个半小时。

(2) 这个星期我的中国朋友张华每天给我辅导四十分钟。

(3) 我哥哥毕业已经两年了。

F. 动量补语（39课）Complement of verb + measure word (See Lesson 39)

(1) 在北京举行的国际乒乓球友谊赛他参加过两次。

(2) 上课以前他念了四遍课文。

(3) 这个歌我只教了他三遍，他就会了。

G. 数量补语（51课）Complement of quantity (See Lesson 51)

(1) 这块布比那块布长一米。

(2) 妹妹比姐姐小四岁。

(3) 他比我大一点儿。

（三）动词的态 Aspects of verbs

1. 动作的完成可以用动态助词"了"表示。否定式用副词"没有"。（31课 34课 42课 45课）

The completion of an action can be expressed by the aspect particle "了". The adverb "没有" instead of "不" is used for its negative form (See Lessons 31, 34, 42 and 45).

290

（1）我们已经复习了旧课，也预习了新课。

（2）我没有听今天早上的广播，你听了没有？

2. 动作的进行可以用"正"、"正在"、"在"、"呢"或"正在…呢"等表示。（40课）

The progress of an action can be expressed either by "正"，"正在"，"在"，"呢" or by "正在…呢" (See Lesson 40).

（1）比赛正在进行。

（2）昨天晚上你去找她的时候，她在作什么呢？

3. 动作或状态的持续可以用"着"表示。否定式用"没有…着"。（41课）

The static state of an action or a state of affairs can be expressed by "着"。"没有…着" is used for its negative form (See Lesson 41).

（1）墙上挂着大衣和帽子。

（2）他握着我的手说："谢谢你对我的帮助。"

（3）桌子上没摆着花儿，只放着一个收音机。

4. 动作的即将发生可以用"快要…了"、"就要…了"表示。（36课）

The immediate future can be expressed by "快要…了" or "就要…了" (See Lesson 36).

（1）"五一"国际劳动节快要到了。

（2）今年七月我就要毕业了。

5. 过去的经历用"过"表示。否定式用"没有…过"。（42课）
The past experience one had can be expressed by "过".

"没有…过" is used for its negative form (See Lesson 42):

    （1）上个月我们听过两次音乐。

    （2）我没有去过南京。

（四）几种特殊的动词谓语句 Several special sentences with verbs as their predicates

1. "是"字句 "是" sentences

A. "是"字句（一）（11课 27课）"是" sentence (1) (See Lessons 11 and 27)

    （1）他是王华的弟弟。

    （2）天安门前边是一个很大的广场。

    （3）箱子里是书，不是衣服。

B. "是"字句（二）（19课）"是" sentence (2) (See Lesson 19)

    （1）她家的彩色电视机是新的。

    （2）除了他以外，我们都是这个班的。

2. "有"字句（13课 27课）"有" sentences (See Lessons 13 and 27)

    （1）我有杂技票，没有电影票。

    （2）我们学校有一千多个男同学，八百多个女同学。

    （3）一年有十二个月，五十二个星期。

    （4）书架上有很多书，有的是中文的，有的是外文的。（17课）

(5) 参加节目表演的有工人，有社员，有解放军，还有学生。

3．"把"字句（48课 49课 50课） "把" sentences (See Lessons 48, 49 and 50)

(1) 先把黑板擦一擦，再把课程表挂在 旁边。

(2) 她没把照相机带来。

(3) 请你把汽车开到北京饭店门口等我。

4．"被"字句（56课） "被" sentences (See Lesson 56)

(1) 喜儿的爸爸杨白劳被地主逼死了。

(2) 我的《新华字典》没让人借走，就在我这儿。

5．用"是…的"强调动作的时间、地点或方式等的句子（44课） Sentences in which the construction "是…的" is used to stress the time, place or manner etc. of an action (See Lesson 44)

(1) 那本书是从张老师那儿借来的。

(2) 丁力一家是昨天坐飞机去的上海。

(3) 我是在医院看见他的。

(4) 我妈妈是上个月到南京去的。

6．存现句（55课） Sentences showing existence, emergence or disappearance (See Lesson 55)

(1) 路上停着一辆马车。

(2) 前边跑过来五六个女孩子。

(3) 宿舍里昨天搬走了两个同学。

7. 连动句 (32课 56课)　Sentences with verbal cons-
tructions in series (See Lessons 32 and 56)

(1) 明天上午我们去首都机场欢迎一个外国代
表团。

(2) 我有两个不认识的字要问你。

(3) 昨天上午，我们进城去友谊医院看了一个
病人。

8. 兼语句 (40课)　Pivotal sentences (See Lesson 40)

(1) 张老师叫我通知你们明天上午八点半出
发。

(2) 刚才有一个中国同学来找你。

(五) 比较的方法　Different ways of expressing comparison
1. 表示差别的　To show difference
A. "更"、"最"　Use of "更" or "最"

(1) 这匹马跑得很快，那匹马跑得更快。

(2) 这种方法简单，那种方法更简单，他介绍
的那种方法最简单。

B. "比" (51课)　Use of "比" (See Lesson 51)

(1) 这条路比那条路近。

(2) 这间屋子比那间屋子小一点儿。

(3) 哥哥比弟弟大五岁。

(4) 他修理自行车修理得比我好。

294

（5）阿里比我更喜欢听音乐。

C. "没有…那么(这么)…"（52课）Use of "没有…那么(这么)…" (See Lesson 52)

（1）那儿的树已经有这座楼这么高了。

（2）他讲的那个故事没有你讲的那么有意思。

2. 表示异同的 To show similarity and dissimilarity

A. "跟…一样"（52课）Use of "跟…一样" (See Lesson 52)

（1）小妹妹已经跟桌子一样高了。

（2）这条河跟那条河一样宽。

B. "有…那么(这么)…"（52课）Use of "有…那么(这么)…" (See Lesson 52)

（1）小妹妹已经有桌子这么高了。

（2）这条河有那条河那么宽。

基础汉语课本
第三册

*

华语教学出版社出版
（中国北京百万庄路24号）
外文印刷厂印刷
中国国际图书贸易总公司
（中国国际书店）发行
北京399信箱
1980年（大32开）汉英第一版
1987年第三次印刷
9483—47

ISBN　　　　　　·30

9　　　　C